GÁNALE
LA GUERRA
A LA
PREOCUPACIÓN

GÁNALE LA GUERRA A LA PREOCUPACIÓN

CULTIVA UN CORAZÓN EN PAZ Y UNA MENTE CONFIADA

LOUIE GIGLIO

GRUPO NELSON

Desde 1798

CONTENIDO

INTRODUCCIÓN

BIENVENIDO A UNA NUEVA FORMA DE VIDA

Por el simple hecho de que hayas decidido abrir la primera página de este libro —*Gánale la guerra a la preocupación*—, asumo que en este momento podrías estar preocupado. Claro, es posible que solo estés consultando este pequeño libro «para un amigo». O tal vez seas una de las pocas personas selectas del mundo que no ha experimentado ninguna de las tensiones angustiosas de la preocupación y la ansiedad. Pero creo que si tienes este libro en tus manos, lo más probable es que quieras preocuparte menos; que es exactamente lo que este recurso pretende ayudarte a hacer.

La preocupación está tan presente en nuestra sociedad y en nuestra vida cotidiana que a menudo parece ineludible.

En lugar de ser un acontecimiento ocasional, muchos de nosotros hemos aprendido a aceptar la preocupación como parte del tejido de nuestras vidas. La preocupación se ha incorporado a nuestros ritmos habituales y, para muchos de nosotros, se ha convertido en una identidad. Solemos decir: «Soy de los que se preocupan; es mi manera de ser». Como resultado, vivimos en un estado perpetuo de preocupación por alguna cosa. De hecho, puede que ya estés preocupado por la promesa y la perspectiva de este libro.

¿Me servirá?

¿Será una pérdida de tiempo?

¿Debería haber elegido algo diferente para leer?

¿Seré capaz de terminar este libro y leer todos los capítulos?

Como los percebes en el calado de un barco, la preocupación tiene una forma de adherirse sutilmente a nuestros pensamientos. La preocupación suele empezar por debajo de la línea de flotación, fuera de vista, fuera del primer plano de nuestros pensamientos. Al principio es un simple «¿qué pasaría si…?».

¿Y si llego tarde a la recepción y me pierdo el momento?

¿Y si no conozco a nadie cuando llegue allí?

¿Y si mi supervisor odia mi idea?

¿Y si la semana que viene llueve la noche que he planea-do la fiesta al aire libre?

Antes de que te des cuenta, la preocupación se convierte en una forma de vida. Y al igual que los percebes en el calado de un barco añaden peso y resistencia y hacen al barco más lento, la preocupación frena tu progreso y corroe tu calidad de vida.

Con el tiempo, estos pequeños «¿y si...?» que permitimos que se arrastren y se adhieran al calado de nuestros corazones comienzan a transformarse en temores que lentamente nos van hundiendo. Incluso antes de que un «¿qué pasaría si...?» se haga realidad, cuanto más permitimos que persista y lo alimentamos con nuestra atención y actividad, más empieza a agobiarnos. Como creyentes, estamos destinados a vivir una vida caracterizada por el yugo ligero y fácil de Jesús (Mateo 11:30), y cuanto más lugar le damos a los «¿y si...?», más agobiados nos volvemos.

Tal vez la lista de preguntas anteriores te haya parecido un poco trivial. Puede que hayas leído esos estados y hayas dicho: «Louie, tengo mayores preocupaciones en mi radar que el pronóstico meteorológico de la semana que viene». Lo he oído. Mi esposa, Shelley, y yo también estamos atravesando algunas circunstancias difíciles con nuestra familia en este momento. Pero incluso en los momentos más difíciles, ese elemento de «¿qué pasaría si...?» sigue siendo el mismo. Tal vez tu «¿qué pasaría si...?» se parece un poco más a esto:

¿Y si hay un accidente?

¿Y si soy uno de los empleados a los que despiden en el trabajo?

¿Y si no estoy a la altura y fracaso?

¿Y si no me salvo realmente?

¿Y si mi hijo se rebela?

¿Y si mi amigo me abandona?

¿Y si mi cónyuge me abandona?

¿Y si me da cáncer?

¿Y si es el fin del mundo?

Arthur Somers Roche lo dijo muy bien: «La preocupación es como una fina fuente de temor goteando a través de la mente. Si la dejamos, perfora un canal en el que se vacían todos los demás pensamientos».[1]

Antes de seguir adelante, hagamos una pausa para aclarar algo de inmediato. No eres la única persona que entra en este campo de batalla de la preocupación y la ansiedad y mira de frente al enemigo. Al enemigo le encanta aislarnos y hacer que nuestras luchas parezcan desproporcionadas con respecto a los que nos rodean. Pero la preocupación no es una táctica poco común. De hecho, es una de las armas del enemigo. Hay un cierto nivel de consuelo saber que la preocupación afecta a gente de todos los ámbitos de la vida y de distintos orígenes.

La preocupación puede filtrarse en los corazones de los líderes empresariales, los atletas profesionales, los estudiantes de último año de secundaria, las madres primerizas, los creativos, los artistas, los productores, los diseñadores y los ingenieros de *software*. Puede colarse en las mentes de los chefs y los astronautas, los camioneros y los profesores. Incluso puede introducirse en las mentes de los pastores y de las personas llamadas a trabajar en la iglesia.

---

1. Thomas E. Trask y Wayde I. Goodall, *El fruto del Espíritu: Conviértase en la persona que Dios quiere que sea* (Miami, FL: Editorial Vida, 2001).

Tengo que admitir que he pasado gran parte de mi vida preocupándome. Solía echarle la culpa al hecho de que lo hago de forma natural, dado que mi madre y mi padre se preocupaban a nivel olímpico.

Pero esta es la sorprendente verdad: la preocupación es una elección.

Cuando digo esto, no estoy siendo simplista. No intento apaciguar las aguas turbulentas con una declaración concisa o unas cuantas palabras de poco valor. Se basa en mi experiencia personal y en la verdad que he visto una y otra vez en la Palabra de Dios.

En mis libros anteriores he hablado abiertamente de mis luchas contra la ansiedad y la depresión, y sé muy bien que no hay una solución única para nuestras diversas luchas. También sé que los eslóganes pegadizos no resuelven las enfermedades mentales. Sin embargo, Dios me ha sacado de un lugar muy profundo y oscuro. Me regresó a la luz para proclamar que Dios es más grande. Él y solo Él puede calmar las aguas tormentosas. Él puede decir una palabra que hace que los vientos y las olas se calmen.

Dios puede conquistar la preocupación porque ya venció la raíz más grande de la preocupación: el temor.

Profundizaremos en esto en un capítulo posterior, pero 1 Juan 4:18 lo dice muy bien: «En el amor no hay temor, sino que el perfecto amor echa fuera el temor» (RVR1960).

Dios es más grande que el temor y todos sus primos: la depresión, la ansiedad, el pánico y la preocupación. Y si Dios es más grande, tú y yo podemos experimentar la libertad de las garras de la preocupación que nos roban el sueño y la paz.

Creo que a medida que avancemos juntos en estos próximos capítulos, las verdades que encuentres tendrán el potencial de ponerte en un nuevo camino y darte las herramientas que necesitas para reemplazar la preocupación con un mayor sentido de confianza en el Todopoderoso. Es hora de echar una buena y dura mirada a la raíz de la preocupación que ha crecido y se ha extendido en nuestros corazones. Es hora de que examinemos las profundidades de nuestras almas y comencemos a descartar esta forma de vivir y recobrar un corazón pacífico y una mente llena de confianza.

A lo largo de nuestro viaje juntos, examinaremos tanto lo teológico como lo práctico. Fijaremos nuestra mirada en el único que ha conquistado perfectamente la preocupación y la ansiedad, y a la vez pondremos en marcha nuestros pies para hacer guerra contra la preocupación. Si sigues con esto, creo que encontrarás ayuda para el dolor de cabeza y las dificultades que persisten en tu vida. Sin embargo, por favor, comprende que esto no es una guía de «autoayuda».

La esencia para ganar la guerra a la preocupación es saber que no puedes hacerlo por ti mismo. Como la mayoría de los ataques del enemigo, cuando luchamos contra la preocupación, no podemos hacer o reunir una defensa lo suficientemente fuerte por nosotros mismos. Es solo por medio del poder de Dios y el amor de Jesús que podemos mantenernos firmes, ganar terreno y ganar esta lucha.

Mi objetivo es dirigirte a Aquel que es más grande, al Dios que anima a su pueblo:

> No se preocupen por nada; en cambio, oren por todo. Díganle a Dios lo que necesitan y denle gracias por todo lo que él ha hecho. Así experimentarán la paz de Dios, que supera todo lo que podemos entender. La paz de Dios cuidará su corazón y su mente mientras vivan en Cristo Jesús. (Filipenses 4:6-7, NTV)

Así que acompáñame en este viaje para repeler la preocupación de nuestros corazones. Es una lucha grande, pero la gran realidad es que toda gran lucha puede comenzar con un pequeño y sencillo paso. Tomar este libro es un ejemplo de ese primer pequeño paso. Al abrir estas páginas, estás diciendo: «Necesito que algo cambie», y ese es un poderoso punto de partida.

Así que antes de entrar en el meollo del asunto, antes de saltar al capítulo 1, hagamos una pausa aquí en el principio y demos un paso juntos. ¿Recuerdas cuando dije que al enemigo le encanta utilizar el arma del «qué pasaría si...»? En lugar de fijarnos en los «¿qué pasaría si...?», comprometámonos ahora mismo a reconocer que Dios ya nos ha proporcionado la verdad de lo que *es*. Dios no se ocupa de la confusión. No deja las cosas al azar y nunca está inseguro del resultado final. Dios no se ocupa de los «qué pasaría si». Él *es*. Y esta es una verdad sobre la que podemos construir nuestros cimientos.

Así que dondequiera que te encuentres leyendo esto, no importa lo que estés pasando, te animo a que digas esta realidad: *Dios, yo creo que tú eres más grande. Específicamente, tú eres más grande que cualquier cosa que me preocupe en este momento.*

Creo que esta confesión catalizará inmediatamente el proceso de redimensionar la preocupación y sustituirla por confianza.

Y si no eres capaz de declarar esas palabras con plena convicción, entonces tal vez esta sea tu confesión: *Dios, ayúdame a tener más fe en ti.* Esta es una oración que a Dios le encanta escuchar y le encanta responder.

Si estás listo para vivir libre, para cultivar un corazón en paz y una mente segura, Él está listo para ayudarte a sepultar la preocupación y vivir con una nueva realidad de confianza y esperanza profundamente arraigadas.

UNO

LA PREOCUPACIÓN
ES MENTIROSA

Ya hemos establecido que la raíz de la preocupación es el temor. Y el temor no proviene de Dios. Por lo tanto, en el corazón de la preocupación está el diablo. Y las Escrituras son claras: el diablo es un mentiroso. Jesús dijo de él: «Cuando habla mentira, habla de su propia naturaleza, porque es mentiroso y el padre de la mentira» (Juan 8:44).

En pocas palabras, la preocupación no es solo un mal hábito, la preocupación es una táctica del enemigo, una estrategia construida con mentiras que están diseñadas para robarte la paz y destrozar tu mente.

Por eso es crucial que seas capaz de detectar las mentiras que la preocupación te dice.

No hace mucho, mientras estaba de safari en Sudáfrica, Shelley y yo teníamos muchas ganas de ver un leopardo en libertad. Desde temprano y hasta tarde en nuestros safaris, nuestros ojos estaban puestos en cada rama de árbol, arbusto, colina cubierta de hierba y camino del río con la esperanza de encontrar uno de los varios leopardos que se sabe que frecuentan esa zona en particular. Pero la cuestión es que los leopardos no son de color naranja fosforescente ni tienen antenas altas y brillantes sobre su espalda. Están diseñados para camuflarse con el entorno, como la corteza de un árbol baobab en el que podrían estar descansando en una de sus fuertes ramas.

Del mismo modo, el diablo no va a saltar delante de ti gritando: «¡Oye, soy un mentiroso y todo lo que te estoy diciendo ahora mismo va a vaciar tu vida de alegría!». No, va a llegar de forma más aceptable, en forma de preocupación. Porque todo el mundo se preocupa, ¿verdad?

LAS CUATRO MENTIRAS DE LA PREOCUPACIÓN

Para evitar que tu adversario se mezcle con el paisaje de tus pensamientos, tienes que volverte experto en detectar las mentiras que te dice la preocupación. Así que veamos cuatro de las mentiras de la preocupación.

Mentira 1: Va a ocurrir algo muy malo.

Todos hemos sido atormentados por esta mentira. A lo largo del día, cuando nos enfrentamos a diferentes situaciones, nos inclinamos con demasiada facilidad hacia el extremo negativo y asumimos que algo malo va a suceder. Pero en realidad, solo una fracción de las cosas que nos preocupan llegan a suceder. Un estudio realizado en 2019 por la Universidad Estatal de Pensilvania demostró que aproximadamente el 91 % de las cosas por las que nos preocupamos nunca llegan a suceder.[1] Pero la preocupación quiere convencerte de lo que parece ser la inevitabilidad de todos los posibles resultados negativos. Intenta garantizar que tu situación acabará en el peor de los casos.

Hay una cita atribuida a menudo al filósofo francés Michel de Montaigne, quien enmarcó bien esta mentira cuando escribió: «Mi vida ha estado llena de terribles desgracias, la mayoría de las cuales nunca sucedieron».

---

1. Seth J. Gillihan, «How Often Do Your Worries Actually Come True?», *Psychology Today* (Sussex Publishers, 19 de julio de 2019), https://www.psychologytoday.com/us/blog/think-act-be/201907/how-often-do-your-worries-actually-come-true.

Para que quede claro, no estoy sugiriendo que las cosas malas no suceden en la vida. Obviamente, tu historia y la mía afirman que sí.

He perdido a mis dos padres por enfermedades debilitantes de larga duración. El dolor, el sufrimiento y la pérdida forman parte de nuestro día a día en un planeta roto. Jesús lo subrayó cuando dijo: «Aquí en el mundo tendrán muchas pruebas y tristezas…». Sin embargo, el poder para desinflar la preocupación se encuentra en cómo Jesús terminó esa frase: «pero [...] yo he vencido al mundo» (Juan 16:33, NTV).

Esta es la nueva realidad que te permite combatir la mentira de que algo malo va a suceder: la mayor parte de lo que te preocupa no sucederá. Si sabes y crees esto de antemano, puedes cortar la preocupación desde el principio porque ahora estás armado con la realidad de que «el peor» resultado estadísticamente no sucederá. Cuanto más elijas no ir por el camino de la preocupación, mejor equipado estarás.

Otra vez lo digo, eso no quiere decir que las cosas malas no se presenten en nuestro camino, porque desafortunadamente vivimos en un mundo roto lleno de angustia, desgracia y pérdida. Pero lo que sí significa es que no tenemos que dedicar nuestro valioso tiempo y atención a las circunstancias del «¿qué pasaría si...?». Si el «¿qué pasaría si...?» ocurre, cuando algo malo aterriza en tu mundo, Jesús te dará lo que necesitas para superarlo.

Mentira 2: Cuanto más te preocupes por ello, más probabilidades tendrás de evitarlo.

Esta es una mentira engañosa. Sí, a menudo tenemos motivos para preocuparnos y prepararnos. Pero el enemigo quiere que creas que si te preocupas o te inquietas por un determinado resultado durante el tiempo suficiente, puedes evitar que ocurra algo malo.

La realidad es que preocuparse *nunca* ha evitado que suceda algo negativo. La planificación sí. La oración sí; pero la preocupación nunca lo hará.

El enemigo te dice que preocupándote por una situación (o por todas las situaciones) puedes hacer que tu mañana sea mejor. En realidad, la preocupación solo te roba el hoy. Jesús nos imploró:

> Por eso les digo, no se preocupen por su vida, qué comerán o qué beberán; ni por su cuerpo, qué vestirán. ¿No es la vida más que el alimento y el cuerpo más que la ropa?

Miren las aves del cielo, que no siembran, ni siegan, ni recogen en graneros, y sin embargo, el Padre celestial las alimenta. ¿No son ustedes de mucho más valor que ellas? [...] Por tanto, no se preocupen por el día de mañana; porque el día de mañana se cuidará de sí mismo. Bástenle a cada día sus propios problemas. (Mateo 6:25-26, 34)

Tu mejor apuesta para estar preparado para el mañana es apoyarte y confiar en Dios con lo que ha puesto en tus manos hoy. Y cuando termine el día, repite.

Una de las mejores herramientas para ayudar a contrarrestar la tentación de la preocupación es recordar la fidelidad de Dios. En cada situación, la preocupación quiere que pienses: *Esta vez todo se va al pozo.* Pero la fidelidad de Dios te dice lo contrario. Dice: «Hoy haré por ti lo que hice ayer, y anteayer, y los días anteriores». La fidelidad es el combustible de la paz para hoy, mientras que la preocupación te empuja más allá del hoy y hacia el mañana.

Mentira 3: No tengo elección, nací con preocupación.

Como mencioné en la introducción, me crie con la preocupación; mis padres se preocupaban a lo grande. Mi padre era un campeón imaginando situaciones terribles y pasaba los días ahogándose en los «¿qué pasaría si…?» de posibles resultados malos. Yo lo veía y pensaba: *Hombre, ¿pero qué le pasa?*

Abandonado por sus padres cuando era joven, mi padre tenía buenas razones para pensar que tras cada curva del camino le esperaba otra noche espantosa y solitaria. Pero de niño, no tenía idea de lo que pasaba por su mente y su corazón. Siendo adolescente, recuerdo que tuvo un día especialmente traumático. Al tener dieciséis años, no tenía idea del peso que llevaban mis padres. Pero esa noche, cuando iba a salir de nuestro apartamento para ir a casa de un amigo, me dijo: «Acabo de tener el peor día de mi vida. Necesito que todos se queden en casa esta noche».

Me di la vuelta y volví a mi habitación.

No estoy seguro de lo que pasa con papá, pensé. *Pero sea lo que sea, voy a decirle que está bien y esta noche me quedaré en casa.*

¿Qué estaba pasando en ese momento? Mi padre intentaba hacerme saber que estaba preocupado cada vez que salía de casa. Y esa noche no podía soportar la carga de preocupación además de lo que había pasado ese día.

Solo lo comprendí plenamente cuando fui mayor y empecé a tener los mismos sentimientos. Me di cuenta de que yo también podía inclinarme fácilmente hacia el temor de un resultado terrible. Naturalmente, me obsesionaba con la pregunta: «¿Qué es lo peor que podría pasar?».

Durante una temporada, culpé de esta inclinación a mi padre. *Soy un preocupado innato*, pensé.

Pero esa no es mi nueva realidad espiritual. En Cristo, he nacido de nuevo, y «todo el que pertenece a Cristo se ha convertido en una persona nueva. La vida antigua ha pasado; ¡una nueva vida ha comenzado!» (2 Corintios 5:17, NTV).

Esta es la nueva realidad para ti y para mí. Puede que tengamos una tendencia genética a la preocupación. Y, lo que es más importante, puede que nos hayamos criado en una cultura donde la preocupación reina. La preocupación es lo que vimos hacer a otros. La preocupación es lo que hemos aprendido. La preocupación es lo que somos propensos a repetir.

Pero queridos amigos, si están en Cristo, todos esos viejos patrones se desbarataron en el instante en que nacieron de nuevo. Ahora tienen un nuevo Padre en el cielo. Él nunca se ha preocupado ni por un segundo en su existencia eterna. Él no estuvo preocupado ayer. Tampoco lo está hoy, y no se preocupará mañana.

No hay duda de que Él se interesa por ti. Él maneja el tiempo y los asuntos de los hombres. Él te ama. Has nacido en una nueva familia en calidad de hija o hijo de Dios a través de Jesucristo. Y tu nueva familia no es una familia preocupada. Tu nueva familia es una familia de paz soberana, sabiendo que Dios está en control. Y Él es suficiente para ti en cada situación.

Mentira 4: Puedo controlar el resultado preocupándome.

La preocupación quiere convencerte de que si piensas en la situación el tiempo suficiente, puedes controlar el resultado. Nada puede estar más lejos de la realidad. Al final, la realidad es que tú, por la gracia de Dios, puedes controlar tus decisiones y cómo reaccionas a todo lo demás. Y punto.

No eres Dios. Aunque la preocupación quiere que pienses que estás en el asiento del conductor, en realidad la preocupación te encierra en la cajuela del automóvil (o «en el maletero» como dirían otros amigos).

Jesús preguntó: «¿Acaso con todas sus preocupaciones pueden añadir un solo momento a su vida?». Piensa en eso por un instante. Ninguno de nosotros puede añadir ni siquiera un segundo a nuestro día. Y continuó: «Y, si por mucho preocuparse no se logra algo tan pequeño como eso, ¿de qué sirve preocuparse por cosas más grandes?» (Lucas 12:25-26, NTV).

La preocupación te mantiene despierto por la noche. Te convence de que, si te esfuerzas, puedes resolver todos los problemas. Pero al final, la paz viene al admitir que no eres Dios. No soy Dios. Por lo tanto, no estoy al mando. No tengo el control. No dirijo el espectáculo. Soy simplemente una parte del plan de Dios. Sin embargo, sé que Él me ama. Así que confiaré y obedeceré.

Cuando adoptamos esta mentalidad, nuestras oraciones pasan de intentar que Dios nos dé los resultados deseados a decir: «Dios, me arrepiento de intentar ser tú. Haz tu voluntad y tu camino en mi vida».

Algunos podrían ver esta oración como una evasión. Yo la veo como una hermosa rendición. La preocupación te dice que estás al mando. Pero ¿quién quiere ese trabajo? La fe te dice que el Dios que te ama está al mando. Tu Creador tiene el control. Puedes confiar en Él. Todos sus caminos son buenos.

DETECTA LAS MENTIRAS
Y COMIENZA LA LUCHA

Estas son cuatro de las mentiras que le gustan a la preocupación. No son las únicas, pero son algunas de las mentiras con las que más te vas a encontrar. Luchar contra la preocupación es como cualquier otro régimen de entrenamiento o disciplina. Al principio, cada esfuerzo se siente un poco torpe y forzado. Si has estado sentado en la preocupación durante algún tiempo, es probable que sea un ajuste para comenzar a identificar las mentiras. Es posible que se hayan camuflado más a medida que te has familiarizado con su presencia a lo largo del tiempo.

Pero nunca es demasiado tarde para empezar. Y recuerda, a través de Jesús tienes todo el poder que necesitas para ganar esta guerra contra la preocupación. Romanos 8:11 dice: «Pero si el Espíritu de Aquel que resucitó a Jesús de entre los muertos habita en ustedes, el mismo que resucitó a Cristo Jesús de entre los muertos, también dará vida a sus cuerpos mortales por medio de su Espíritu que habita en ustedes».

Ese primer paso puede resultar agotador o incómodo. Es como el primer entrenamiento cuando intentas volver a ponerte en forma. Pero sigue con ello y sigue perseverando.

Sigue denunciando las mentiras que la preocupación te dice y sigue rindiendo esas mentiras a Dios, reemplazándolas con las verdades de su Palabra. Creo que si te comprometes y comienzas este camino, el Espíritu continuará dándote poder para pelear la buena batalla.

La preocupación, en última instancia, dedica mucho tiempo y esfuerzo a intentar que evites todas y cada una de las dificultades que *puedan* venir contra ti. Cuanto más cerca estés de Dios y más denuncies las mentiras de la preocupación, más te darás cuenta de que el *escapismo* no es el resultado deseado de la vida cristiana. No, el objetivo de la vida del creyente es la *seguridad*. La seguridad es lo que convierte un «¿qué pasaría si...?» en un «aunque sea así» a través de la verdad de «lo que es». Dios *es* bueno. Amante. Amable. Poderoso. Santo. Sanador. Él *es*, y debido a esa verdad, puedes tener seguridad sin importar lo que venga contra ti.

ORACIÓN

Padre, gracias porque tú eres verdadero y lo que dices es la verdad. Estoy agradecido por el firme fundamento que tú provees, y deseo anclar mi vida en ti. Sé que el enemigo está trabajando contra mí, pero por tu poder y con tu gracia, ayúdame a luchar bien y a mantenerme firme.

PREGUNTAS DE DIÁLOGO Y REFLEXIÓN

1. ¿Hay algunos pensamientos negativos a los que constantemente vuelves? Si es así, escríbelos a continuación.

_____

_____

_____

_____

_____

2. ¿Cuál de las cuatro mentiras te habla más a menudo la preocupación?

_____

_____

_____

_____

_____

3. ¿Cuáles son las herramientas prácticas que puedes utilizar para detectar las mentiras de la preocupación en tu día a día?

_____

_____

_____

_____

_____

4. ¿Cómo puedes invitar a tu comunidad para que te ayude a detectar las mentiras de la preocupación en tu vida?

_____

_____

_____

_____

_____

DOS

LA ANATOMÍA DE LA PREOCUPACIÓN

Hace años, cuando la NASCAR alcanzaba su máxima popularidad, Shelley y yo asistimos a varias carreras con algunos de nuestros artistas de sixstepsrecords por invitación del capellán de la NASCAR. Yo solía dar un mensaje devocional para la capilla previa a la carrera y oraba con los pilotos mientras se subían a sus coches antes de la carrera.

Un fin de semana nos dieron la oportunidad de dar unas vueltas al circuito en uno de los pace cars (los coches que los pilotos siguen por la pista al principio de la carrera) antes de que empezara la carrera. Nos abrochamos el cinturón: yo detrás del conductor, Shelley a mi lado y el cantante Chris Tomlin en el asiento del copiloto. En cuestión de segundos, estábamos volando alrededor de la pista a más de ciento sesenta kilómetros por hora, a veces pasando a pocos centímetros del muro de hormigón en el interior de la pista. Las curvas eran tan cerradas que, sinceramente, pensé que el coche iba a rodar de lado y caer por el terraplén hasta la hierba del campo.

Todos nos aferrábamos a la vida, tratando de actuar con calma y tranquilidad, pero por dentro estábamos enloquecidos. Yo no dejaba de pisar un pedal de freno imaginario en el suelo y quería agarrar el volante. El conductor hablaba como un loco y me miraba constantemente por el espejo retrovisor. Yo pensé, *¡¿No quieres TENER CUIDADO CON ESA PARED QUE ESTÁ A DIEZ CENTÍMETROS DEL COCHE?!*

Entonces dejé que toda esa emoción y ese temor se disiparan. El viaje seguía siendo espeluznante, pero me di cuenta de que el tipo que nos conducía era piloto veterano de la NASCAR con veinte años de experiencia y, para él, ir a más de doscientos kilómetros por hora en una pista de carreras era como si tú o yo estuviéramos empujando despreocupadamente un cochecito de bebé por la acera una tarde de verano. Él había pasado su carrera conduciendo mucho más rápido y con otros treinta coches a centímetros de sus parachoques delanteros y traseros y de las puertas laterales.

Al final, salimos del coche riendo y sonriendo por lo emocionante que fue. ¿Por qué? Porque no teníamos el control. Un piloto profesional de la NASCAR tuvo el volante todo el tiempo.

Si en este momento estás agobiado por la preocupación y sientes que estás al borde de una gran caída por el terraplén de la curva tres, lo más probable es que sea porque estás tratando de controlar algo (o a alguien) para lo que no fuiste diseñado. Pero así es como funciona la preocupación.

La preocupación siempre comienza con una semilla inofensiva plantada en nuestra mente. Pensamos:

Después de todo, ¿no debería preocuparme?

Es mi responsabilidad, así que tengo que preocuparme por lo que sucede, ¿verdad? ¿No es prudente prepararse para todas las situaciones que uno podría enfrentar?

Sin embargo, si no se controla, esa semilla inicial puede transformarse en un pensamiento negativo más poderoso, y la preocupación puede echar raíces en nuestro corazón.

A través de años de conversaciones, reflexión y estudio, he descubierto que nuestra preocupación orbita en torno a cinco temas principales.

1. *Nos preocupa un resultado peligroso.* Nuestro amigo está de viaje y nos preocupa que pueda tener un accidente. O a un niño le preocupa que sus padres se divorcien. O nos preocupa que tengamos cáncer.

2. *Nos preocupa una confrontación amenazante.* Debemos tener una conversación difícil con un miembro de la familia. Estamos recibiendo una revisión en la escuela o el trabajo.

3. *Nos preocupa la escasez de recursos.* No sabemos si llegaremos a pagar la deuda universitaria. No estamos seguros de si nos despedirán del trabajo. No sabemos si tendremos suficiente tiempo para terminar el proyecto.

4. *Nos preocupa nuestra capacidad.* ¿Haremos bien la presentación? ¿Agradaremos a la gente? ¿Seremos capaces de ser aprobados?

5. *Nos preocupa la calamidad global.* ¿Habrá una guerra? ¿Y si hay una hambruna o los mercados

económicos se hunden? Nos preocupa que el clima esté cambiando y no podamos detenerlo.

Cada uno de estos temas preocupantes adopta una forma ligeramente diferente en lo externo, pero debajo de la superficie todas estas preocupaciones comparten una raíz en común: el deseo de control.

———

Recuerdo bien ese día. Estaba en la escuela secundaria, con una emoción que oscilaba entre la anticipación y la inquietud al llegar el día en que íbamos a diseccionar un gusano en la clase de biología. Hablando de algo de lo que preocuparse.

Todos estos años después, no puedo recordar por qué estábamos diseccionando el gusano, o qué aprendimos de él, pero de todos modos estábamos decididos, según nuestra tarea, a abrir esta criatura caducada y ver qué había dentro.

De eso trata este capítulo. Verás, la preocupación no es solo un concepto hipotético y vago. No, en realidad puedes poner la preocupación en la mesa de operaciones y empezar a diseccionar los diversos mecanismos y el funcionamiento interno de la preocupación. En este capítulo vamos a cortar las capas externas de la preocupación para exponer lo que hace que esta semilla de dudas y mentiras funcione. Hacer este análisis es fundamental para cultivar un corazón en paz y una mente segura. Una vez que nos adentremos en la superficie, descubriremos esta realidad: *en el centro de la preocupación está nuestra necesidad de tener el control.*

Si nos remontamos al principio de la humanidad, vemos que el hermoso plan de Dios para el Paraíso fue saboteado por dos personas que tomaron una decisión fatal. No es que esto estuviera fuera del control soberano de Dios, pero no se puede negar que Adán y Eva trajeron consecuencias a una circunstancia por lo demás gloriosa. Los primeros seres humanos tomaron con sus manos el fruto prohibido y lo mordieron con descaro. Habiendo creído las mentiras que el enemigo planteó en las preguntas: *¿Es Dios bueno? ¿Se puede confiar en Él?* Adán y Eva hicieron lo único que el Creador les advirtió que no hicieran. Cuando tuvieron la fruta en sus manos, quisieron controlar su destino. Querían asegurarse de que estaban al mando, o al menos de que tenían tanta autoridad y capacidad como el Dios que los había formado y les había dado un propósito.

Sin embargo, como descubrieron rápida y lamentablemente, resultó que Dios no estaba tratando de ocultarles nada con su mandato. De hecho, Dios buscaba proteger su estado de paz. Decididos a controlar su futuro, Adán y Eva se apoderaron del volante de su destino; y cuando tomaron el control, la muerte espiritual y física se inyectó instantáneamente en la historia de la humanidad.

Muchos de nosotros estamos familiarizados con la historia, pero ruego hoy que esta familiaridad no nos nuble la vista para no ver las verdades radicales que se presentan en estos capítulos de las Escrituras. No es difícil creer que el enemigo viene contra nosotros y se atreve a tentarnos, incluso después de haber puesto nuestra fe en Jesús. Pero, amigos, ¡debería sorprendernos que las tácticas de preocupación y duda del enemigo funcionaran en el Paraíso! Así de audaz y astuto es. Una cosa es tratar de hacer que alguien dude de la bondad de Dios en medio del dolor y la muerte que enfrentamos en un mundo roto. Pero ¿cómo hacer que alguien que vive en el Paraíso caiga en una mentira? Es una locura, ¿verdad? Sin embargo, sabemos que el diablo tuvo éxito en un escenario perfecto, así que deberías estar convencido de que será lo suficientemente audaz como para ir detrás de ti.

El núcleo de su plan será un ataque de dos frentes.

Primero, intentará que dudes del carácter y los motivos de Dios.

En segundo lugar, tratará de convencerte de que la vida será mejor cuando tengas el control, cuando tomes las riendas.

La forma de desviar ambos ataques es a través de la cruz de Cristo. Esto puede parecer un giro a la izquierda, pero sigue conmigo.

Acerca de la primera pregunta sobre el carácter y los motivos de Dios, nunca debemos olvidar que en un momento real de la historia, Jesucristo dio su vida soportando la muerte en una cruz romana. Jesús entregó su vida por nosotros para que pudiéramos ser perdonados y tener vida eterna. No hay mayor prueba del carácter y los motivos de Dios que esta: «Nadie tiene un amor mayor que este: que uno dé su vida por sus amigos» (Juan 15:13). Cuando miramos a la cruz, vemos que no hay duda de que Dios es bueno y que se puede confiar en Él.

En cuanto a la segunda mentira, la de que nuestras vidas serán mejores cuando tengamos el control, miremos de nuevo hacia la cruz. La escena del día en que Jesús fue crucificado fue un caos. Fue una injusticia brutal. El orgullo de la humanidad estaba en plena exhibición. La culpa y la desesperación estaban en el aire. La gente intentaba tomar control del ámbito religioso y político. Los gobernantes protegían su poder. La élite religiosa protegía su sistema. ¿Por qué? Porque el pecado era ahora parte de la historia humana. Adán y Eva tomaron el asunto en sus propias manos y ejercieron su voluntad sobre el plan de Dios. ¿Y cómo resultó eso? Terminó con la humanidad teniendo una naturaleza pecaminosa mortal que no podíamos curar, y el inocente Hijo de Dios siendo clavado en una cruz para que pudiera arreglar lo que se había roto y restaurarnos al Creador que está y siempre ha estado completamente en control.

Entonces, ¿qué tiene que ver esta verdad de la redención con la preocupación?

El pecado produjo la muerte. Cuando vivíamos bajo la bandera de la muerte, nos sentíamos obligados a tratar de controlar cada resultado, porque si no lo hacíamos nosotros, ¿quién lo haría? Nuestra necesidad de control estaba arraigada en el temor, y alimentaba nuestra ansiedad (Romanos 8:15). Nos alimentaron con la mentira de que podíamos ser dueños de nuestro propio destino. Mientras tanto, nuestro destino final estaba determinado: la muerte.

Piénsalo así: intentamos controlar la vida que inevitablemente termina en la muerte. Sin embargo, Dios ha intervenido en la historia con una gracia asombrosa y ha derribado el poder de la muerte (1 Corintios 15:26-28). Era su plan desde el principio de los tiempos (Hechos 4:26-28). La resurrección de Jesús frena nuestra necesidad de control porque podemos confiar plenamente en que Aquel que venció la muerte, el infierno y la tumba nos ama y nos da su vida victoriosa a través de Jesucristo. Él promete cuidarnos, guiarnos y protegernos.

Una de las descripciones más aleccionadoras de la victoria de Jesús se encuentra en Isaías 53:4-5. Aquí leemos que «Ciertamente Él [Jesús] llevó nuestras enfermedades, y cargó con nuestros dolores. Con todo, nosotros lo tuvimos por azotado, por herido de Dios y afligido. Pero Él fue herido por nuestras transgresiones, molido por nuestras iniquidades. El castigo, por nuestra paz, cayó sobre Él, y por sus heridas hemos sido sanados».

Jesús puede llevar lo que te preocupa porque Él ya ha llevado lo que estaba destinado a matarte. Él ya ha llevado tus tristezas y las ha enterrado en su tumba.

Entonces, si en el núcleo de la preocupación está el deseo de control, ¿cómo se cambia? ¿Cómo puedes ganar la guerra a la preocupación y encontrar la paz, especialmente cuando el mundo que te rodea parece estar fuera de control? Encuentras la paz al entregar tu necesidad de control a Aquel que realmente tiene el control.

Si otra persona en ese coche hubiera tomado el control del volante mientras dábamos vueltas a la pista de la NASCAR, habría gritado: «¡Para esta máquina ahora mismo! Yo me bajo ahora». Pero sabía que la persona que tenía el control era legítimamente buena para tenerlo.

Las Escrituras dicen: «Antes que los montes fueran engendrados, y nacieran la tierra y el mundo, desde la eternidad y hasta la eternidad, Tú eres Dios» (Salmos 90:2). En Isaías 46, la Palabra de Dios nos recuerda el control que tiene Dios:

Yo soy Dios, y no hay ninguno como Yo, que declaro el fin desde el principio, y desde la antigüedad lo que no ha sido hecho. Yo digo: «Mi propósito será establecido, y todo lo que quiero realizaré». (vv. 9-10)

Dios ha estado dirigiendo el universo durante mucho, mucho tiempo. Eso significa que puedes dejarlo ir. Renuncia a tu necesidad de estar al mando. Confía en que su corazón para ti es bueno. Pon en sus manos lo que sea que te esté causando preocupación en este momento. Cree que Dios es bueno para tener el control.

Ahora, me imagino lo que estás pensando. Probablemente estés leyendo y diciendo: «Louie, ¿realmente no debo estar en control de *nada*? Pensé que había algún beneficio en estar preparado y preocupado».

Y tendrías razón. Preocuparse o prepararse para algo tiene sus ventajas. Pero la respuesta está en separar el interés o la preparación de la preocupación, porque, como veremos en el próximo capítulo, son dos cosas muy diferentes.

ORACIÓN

Padre, te entrego mi necesidad de estar en control. Me humillo bajo tu mano bondadosa y justa, creyendo y confiando en que eres capaz de resolver todas las cosas de manera que te glorifiquen y produzcan en mí el fruto del Espíritu.

Te entrego mi pesada carga de necesitar estar al mando, y tomo la libertad que tu Hijo logró para mí.

PREGUNTAS DE DIÁLOGO Y REFLEXIÓN

1. ¿Qué intentas controlar en este momento? ¿Qué necesitas entregarle a Dios?

_____

_____

_____

_____

_____

2. Escribe lo que te preocupa actualmente. Luego, escribe una verdad correspondiente sobre el carácter de Dios para cada preocupación. ¿Cómo puedes recordar con frecuencia estas verdades del carácter de Dios?

_____

_____

_____

_____

_____

3. Cuando piensas en la cruz de Jesús, ¿qué te viene a la mente o se agita en tu corazón?

_____

_____

_____

_____

4. Lee Isaías 46 y escribe cuatro verdades sobre la naturaleza y el carácter de Dios.

_____

_____

_____

_____

_____

ABRAZAR EL INTERÉS, RECHAZAR LA PREOCUPACIÓN

Estoy plenamente convencido de que estoy casado con el mejor ser humano del planeta. Cada vez que puedo, le cuento a la gente lo increíble que es Shelley. Es muy inteligente, supertalentosa, humilde, sabia, cariñosa, amable y muy divertida. Es hermosa tanto por dentro como por fuera, y ha cambiado mi vida en más formas de las que puedo describir aquí.

Llevamos treinta y seis años casados y, en ese tiempo, he llegado a apreciar muchas cosas de Shelley. Pero entre

GÁNALE LA GUERRA A LA PREOCUPACIÓN

las primeras cosas de la lista está que es una chica de principio a fin.

Esto es lo que quiero decir.

La gente a la que dirijo y la que trabaja para mí sabe que soy un tipo de la A a la B. Me gusta la gran visión. Siento que es una de las cosas para las que Dios me ha dotado de forma única. Me encanta buscar el gran emprendimiento, algo que no se haya hecho antes de cierta manera. Pero tan pronto como una nueva empresa se pone en marcha, empiezo a perder el interés y de seguir adelante. Ayudé a llevarnos del punto A al punto B (y, a veces, mucho más lejos), pero para mí hay más ideas que tener, más visiones con las que soñar.

A eso me refiero cuando digo que soy un tipo de la A a la B. ¿Y qué crees que significa cuando digo que Shelley es una chica de la A a la Z? Significa que es la planificadora, la estratega y la ejecutora de nuestro dúo. Toma una idea y la lleva a cabo, pasando por todos los aros y superando todos los obstáculos. Consigue que las cosas se hagan y no se detiene hasta que están terminadas, y bien terminadas. Yo suelo pasar a siete cosas nuevas mientras Shelley está cumpliendo todos los planes que hemos iniciado.

No sé hacia cuál de estas dos personalidades gravitas, pero sí sé que la preocupación puede infiltrarse en cualquiera de ellas.

En el capítulo anterior aprendimos sobre la anatomía de la preocupación y cómo los diferentes temas de la preocupación están conectados por el mismo hilo: el control. Y aunque hemos determinado que nuestra capacidad de controlar nuestras vidas es una ilusión, todavía tenemos que abordar la cuestión de cómo podemos rechazar el control y el temor sin dejar de tener en cuenta la planificación, la preparación y el interés. Porque aquí está la clave: Dios te llama a administrar lo que tienes en tus manos. Te da autoridad para tomar decisiones sobre lo que te ha confiado.

En Mateo 25, Jesús contó una parábola que trataba de un amo que se fue por un largo período. Antes de irse, dio una cantidad considerable de dinero a tres de sus siervos. Al primer siervo, las Escrituras dicen que el amo le dio cinco talentos. No te confundas por la pequeña cifra: un talento equivalía a veinte años de salario para un trabajador.[1] Para ponerlo en contexto, el amo dio a su siervo

---

1. *Lexham Bible Dictionary*, s. v. «talent», consultado el 2 de mayo de 2022, https://biblia.com/books/lbd/word/Talent.

aproximadamente la misma cantidad de dinero que si hubiera trabajado seis días a la semana durante cien años.

Al segundo siervo, el señor le dio dos talentos, y al último siervo, el señor le dio un talento. En fin, ya saben cómo va la historia. El amo se fue y los siervos administraron el dinero. Los dos primeros lo invirtieron y lo aprovecharon, probablemente en las industrias ganaderas o agrarias de la época. ¿Pero el tercer siervo? Decidió seguir un camino diferente. Temeroso de su amo y de la posibilidad de perder el dinero, lo enterró. Mejor a salvo y bajo tierra que a riesgo y a la intemperie.

El amo regresó y elogió a los siervos que invirtieron bien. El amo dijo que eran «buenos y fieles» (Mateo 25:21). Hicieron un plan, se prepararon y se interesaron por el bienestar del trabajo que se les había asignado. El amo los recompensó dándoles aún más de lo que se les había encomendado originalmente.

¿Qué aprendemos aquí? La planificación no es algo malo. De hecho, ser un buen administrador con nuestro tiempo y recursos es una de las formas en que podemos glorificar a Dios en este mundo. Efesios 5:15-16 dice que «tengan cuidado cómo andan; no como insensatos sino como sabios, aprovechando bien el tiempo, porque los días son malos».

APRENDER A PLANIFICAR SIN PRACTICAR LA PREOCUPACIÓN

Entonces, ¿cómo lo hacemos? ¿Cómo planificamos y mostramos interés sin caer en la preocupación? Bueno, primero tenemos que definir algunos términos para asegurarnos de que todos estamos en la misma página.

Veamos cómo definimos *la planificación*.

La planificación es un proceso constructivo y tangible en el que se vinculan los pasos y las acciones para obtener resultados futuros. Cuando planificamos bien, las variables se consideran y se contrarrestan, y las mejores prácticas se elevan a lo más alto y se actúa en consecuencia.

Mientras se planifica, siempre hay contingencias para imprevistos o retrasos. Pero estos planes de contingencia no impiden nuestra capacidad de avanzar hacia el siguiente paso con confianza.

En otras palabras, la planificación consiste en aprovechar tus dones y recursos en torno a lo que tienes en la mano en ese momento, y llevarlo adelante, paso a paso.

Ahora veamos *la preocupación*.

Si la planificación es un proceso constructivo y tangible, la preocupación es la proyección de una cadena interminable de escenarios hipotéticos que absorbe todo el esfuerzo presente (lo que podrías estar haciendo con lo que tienes actualmente en tus manos). Esta cadena de «¿qué pasaría si...?» suele traer consigo el temor y la parálisis que nos aleja de nuestros próximos pasos.

La planificación se centra en el presente y en lo que está en tus manos, mientras que de vez en cuando mira hacia adelante para tener en cuenta lo que está por venir. La preocupación se obsesiona con el futuro, mientras que de vez en cuando vuelve a «trabajar» con lo que tiene delante.

¿Ves la diferencia?

El tercer siervo de la historia de los talentos se quedó paralizado por los «¿qué pasaría si...?». *¿Y si pierdo el dinero? ¿Y si no soy capaz? ¿Y si los otros siervos me ganan? ¿Y si me enfermo o me lesiono? ¿Y si le pasa algo al ganado en mi pueblo y me veo en la ruina financiera? ¿Y si fracaso? ¿Y si pierdo mi trabajo? ¿Mi familia? ¿Mi casa?*

Las Escrituras dicen que tuvo «miedo» (Mateo 25:25). ¿No es interesante que el resultado de quedar atrapado en la red de los «qué pasaría si...» es el miedo? ¿Recuerdas que mencioné que la preocupación tiene sus raíces en el temor? En esta parábola vemos que Jesús nos muestra esa conexión.

Mientras que los dos primeros siervos se preocuparon y practicaron una buena planificación, este siervo se atascó en una corriente de preocupación. Y una vez que se metió en la corriente, acabó atascado en el remolino de la duda.

En nuestro mundo acelerado y multitarea, puede ser fácil, incluso natural, pensar siete pasos por delante. Estar siempre proyectando escenarios lejanos y modelos mentales de lo que podría ocurrir. Si pasamos demasiado tiempo dando vueltas en los «qué pasaría si...», la toxicidad de la preocupación comenzará a envenenar nuestros corazones y mentes.

No está mal admitir que el ocasional «¿qué pasaría si...» puede ser útil. Como ya hemos dicho antes, de vez en cuando, cuando estás construyendo un plan, necesitas mirar hacia adelante. Sin embargo, no puedes vivir allí. No puedes fijarte tanto en las ideas del mañana que dejes de vivir en la realidad de hoy. No solo es perjudicial para tu salud espiritual, sino que la psicología y la sociología han demostrado que en realidad es una gran pérdida de tiempo y esfuerzo. Como mencionamos anteriormente en este libro, la investigación nos muestra que la mayoría de los «¿qué pasaría si…» que proyectamos y en los que nos detenemos nunca ocurren.

Según *Psychology Today*, en un pequeño estudio realizado en la Universidad Estatal de Pensilvania, científicos y médicos se propusieron exponer a un grupo de voluntarios a tantos puntos de estrés como fuera posible en un periodo de diez días. A continuación, observaron si esos puntos de estrés, o «¿qué pasaría si…», se producían realmente.

Tras treinta días de observación, el equipo que realizó el estudio observó que el 91 % de las preocupaciones no se materializaban. Sí, ¡el 91 %![2]

¿Qué significa esto para nosotros? Significa que lo más importante es lo que está en nuestras manos ahora, lo que tenemos de forma tangible. Sí, el futuro es importante, y una sabia preparación será, casi con toda seguridad, beneficiosa, pero si el 91 % de las preocupaciones futuras nunca llega a producirse, tenemos que salir de la corriente de la

---

2. Seth J. Gillihan, PhD, «How Often Do Your Worries Actually Come True?», *Psychology Today*, 29 de julio de 2019, https://www.psychologytoday.com/us/blog/think-act-be/201907/how-often-do-your-worries-actually-come-true.

preocupación y de los «¿qué pasaría si…?», y volver al camino de aprovechar al máximo lo que Dios nos ha asignado hoy.

PASOS PRÁCTICOS PARA PLANIFICAR BIEN

Hemos pasado algún tiempo examinando las Escrituras y la ciencia. Ahora vamos a reducir la marcha y ser prácticos por un momento. Porque esta es la realidad de la planificación: puedes hablar de ella todo lo que quieras, pero al final tienes que cruzar la línea que separa la teoría de la práctica. ¿Cómo se puede planificar sin caer en la preocupación? He aquí algunos pasos.

Haz lo que está en tus manos hacer hoy. (Y, por cierto, ¡échale muchas ganas!). Haz el mejor trabajo, no para los hombres sino para el Señor (Colosenses 3:23). Los siervos que invirtieron el dinero para su amo hicieron un buen trabajo. ¡Duplicaron su depósito!

No te hagas cargo de ningún reto aún no realizado hasta que sea necesario. Jesús dijo que el día de hoy ya tiene sus propios problemas (Mateo 6:34), así que no aumentes los desafíos de mañana antes de tiempo.

Reconoce que el Maestro está regresando y mantente preparado. Se nos ha confiado algo valioso: las cosas del Rey (Lucas 12:42-43). Si ese es el caso, debemos estar agradecidos, ser humildes y estar preparados para su regreso.

Planificar bien y alejarse de las preocupaciones significa adoptar la mentalidad de: *Cruzaré ese puente cuando llegue a él*. Ahora bien, eso no significa necesariamente que dejemos de pensar en el puente o incluso que dejemos de trabajar para preparar algunos de los detalles necesarios para cruzar el puente.

Pero sí significa que no nos permitimos caer en la trampa de preocuparnos por si el puente se ha derrumbado antes de llegar a él.

Si echas un vistazo más a la parábola de los talentos, puedes pensar: *Estoy totalmente decidido a centrarme en lo que se ha puesto en mis manos. Pero, Louie, ¿qué pasa si lo que está en mis manos es demasiado para mí?*

Esta es una pregunta válida, y es una que Jesús respondió sencillamente. En Mateo 25:15 (RVR1960) Jesús dijo: «A uno dio cinco talentos, y a otro dos, y a otro uno, a cada uno conforme a su capacidad».

Dios pone las cosas en tus manos según tu capacidad y su poder para obrar en ti y a través de ti. Si Él te lo ha confiado, puedes llevarlo a cabo. Si Él te está llamando a ello, Él será fiel y te ayudará a superarlo. Si Él lo ha puesto en tus manos, no tienes que preocuparte de dónde acabará. Solo necesitas prepararte, planear y estar listo, porque el Rey regresará a pedir cuentas de lo que le pertenece.

ORACIÓN

Padre, te traigo las cosas que me preocupan. Ayúdame a tomar decisiones sabias para obtener los mejores resultados en cada situación. Dame la gracia de poner en tus manos lo que no puedo controlar con confianza y paz.

PREGUNTAS DE DIÁLOGO Y REFLEXIÓN

1. ¿Qué ha puesto Dios en tus manos hoy? Tómate un tiempo para agradecer a Dios por lo que te ha dado.

_____

_____

_____

_____

_____

2. Identifica un momento de tu vida en el que tu planificación se convirtió en preocupación. Mirando hacia atrás,
   ¿hubo un punto de inflexión que puedas reconocer
   ahora?

_____

_____

_____

_____

_____

3. Lee Santiago 4:13-17. ¿Cómo puedes cultivar un espíritu de «Si el Señor quiere» (v. 15)?

_____

_____

_____

_____

_____

4. Si dejaras de pensar demasiado en tus planes, ¿cómo te liberaría para hacer más cosas?

_____

_____

_____

_____

_____

CUATRO

INVITA A DIOS EN
TU PREOCUPACIÓN

Solo llevamos unos pocos capítulos, pero hemos cubierto mucho terreno juntos. Tengo la esperanza de que estés empezando a ver un progreso tangible en tu guerra contra la preocupación. Al hacer un poco de trabajo de fondo para identificar *quién* es la preocupación (una mentirosa) y de qué está hecha la preocupación (su anatomía enraizada en el temor), podemos conocer a nuestro enemigo y sus tácticas. Y conocer a nuestro enemigo es esencial para poder luchar bien.

En *El arte de la guerra*, el famoso estratega Sun Tzu dijo: «Conoce a tu enemigo y conócete a ti mismo, y en cien

GÁNALE LA GUERRA A LA PREOCUPACIÓN

batallas no encontrarás peligro. Si no conoces a tu enemigo, pero te conoces a ti mismo, en algunas ocasiones vencerás y en otras perderás. Si no conoces a tu enemigo ni te conoces a ti mismo, en todas las batallas serás vencido».[1]

Mientras continuamos este viaje para estar más equipados para ganar la guerra a la preocupación, sabemos esto de nuestro enemigo: su único propósito es derribarnos y robarnos nuestro gozo (Juan 10:10). Por eso nos defendemos. También necesitamos conocernos a nosotros mismos; y lo más importante, necesitamos conocer a nuestro Dios. Porque esta es la realidad: si no conocemos a Dios, no podremos ni querremos invitarle a nuestra preocupación.

Eso es un gran problema, porque el acto de invitar a Dios a nuestra preocupación es una de las estrategias más cruciales para ganar esta guerra.

PASAR A LA OFENSIVA

No basta con identificar a la preocupación o desglosarla y estudiarla. Si queremos ganar esta batalla, tenemos que

---

1. Sun Tzu, *El arte de la guerra completo*, trad. Alejandro Bárcenas (Nueva York: Vintage Español, 2021).

ponernos la armadura y prepararnos para pasar a la ofensiva. ¿Quieres saber cuál es nuestro primer movimiento de ataque? Entregar nuestras preocupaciones a Dios en oración.

Pablo lo dijo de esta manera: «No se preocupen por nada; en cambio, oren por todo. Díganle a Dios lo que necesitan y denle gracias por todo lo que él ha hecho» (Filipenses 4:6, NTV).

Puede que oigas eso y digas: «Decirme que no me preocupe es como decirle a la nieve que no se derrita con el calor del verano». Te escucho, y admito que a veces me he sentido así en mi vida. Todavía me encuentro de vez en cuando agobiado por el peso de la preocupación.

Pero fíjate que Pablo no estaba solo diciendo «no te preocupes». Te estaba dando un paso ofensivo adicional para tomar. Te estaba animando a que invitaras a Dios a entrar en tu preocupación contándole todo lo que te preocupa.

La palabra *preocupación* en este versículo significa «deshacer a pedazos».[2] Lo mismo ocurre con la palabra *ansiedad* en las Escrituras. La ansiedad y la preocupación

---

2. «Merimnáo», Diccionario Griego Strong: 3309. μεριμνάω (merimnáo)—estar preocupado por; ansioso; tener cuidado, consultado el 9 de mayo de 2022, https://biblehub.com/greek/3309.htm.

desgarran nuestras mentes y nuestros corazones. Por eso tenemos la frase: «Mi mundo se deshace a pedazos». La preocupación convierte nuestra *paz* en *pedazos*. Pero esta es la buena noticia: Dios quiere que le llevemos cada pedacito a Él. Ese es el primer paso para que Dios nos lleve a la paz.

En el Paraíso, cuando Adán y Eva pecaron, se sintieron inmediatamente culpables y se escondieron de Dios. Esa es nuestra respuesta natural cuando sabemos que hemos fallado y que no estamos a la altura de su gloria. Huimos *de* Dios cuando deberíamos correr *hacia* Él.

Si estás atrapado en el fango de la preocupación y crees que no hay salida, no intentes arreglarlo por tu cuenta. Si te avergüenza no poder hacerlo mejor y te sientes fracasado, no te escondas de Dios. En lugar de eso, llámalo. Invítalo a la red de tu ansiedad y convierte la energía negativa de la preocupación en la actividad positiva de la oración. Dile a Dios lo que necesitas y dale las gracias por todo lo que ha hecho por ti.

Dios está contigo en medio de la preocupación y lo bueno es que Él nunca está preocupado por algo.

¿Cómo podemos tener ese tipo de confianza?

PERMANECER EN LA VID ETERNA

Contrarrestamos la ansiedad permaneciendo. ¿Y qué significa permanecer? Perdurar. Persistir. Perseverar en una postura constante de entrega y dependencia, no de tus propias fuerzas y poder, sino del carácter y la naturaleza de Dios.

Veamos Juan 15:5. En este versículo Jesús dijo: «Yo soy la vid; ustedes son las ramas. Los que permanecen en mí y yo en ellos producirán mucho fruto porque, separados de mí, no pueden hacer nada» (NTV).

Me encanta este versículo porque creo que está lleno de buenas noticias. En primer lugar, vemos de inmediato cuál es nuestro papel en esta historia. Somos las ramas. Jesús es la Vid. Eso significa que Él es la fuente de vida: de nutrientes, de riqueza y vitalidad. Él es nuestra fuente. Nosotros somos los receptores.

Como ramas, nuestro trabajo es permanecer. Debemos permanecer conectados a la Vid; y cuando lo hacemos, damos mucho fruto.

¿Qué tipo de fruto damos? Pablo habló de ello en Gálatas 5 cuando dijo: «Pero el fruto del Espíritu es amor, gozo, paz, paciencia, benignidad, bondad, fidelidad, mansedumbre, dominio propio» (vv. 22-23).

¿Ves *preocupación* en esa lista? ¿Ves *temor, control,* o *ansiedad*? ¡No! Cuando invitamos a Dios a nuestra preocupación, nos rendimos o abandonamos nuestra necesidad de control y abordamos su llamado a perseverar y permanecer en Él. Y lo siguiente es que estaremos dando fruto. Floreciendo con paciencia, amor y paz.

Pero seamos aún más prácticos.

Para la mayoría de nosotros, la razón principal por la que nos quedamos cortos en la perseverancia y persistencia con Dios no es porque no seamos lo suficientemente espirituales o porque no entendamos el concepto. La mayoría de nosotros podría citar alguna versión del fruto del Espíritu y probablemente conoce el mandato de Pablo de no estar ansiosos por nada.

El mayor oponente en nuestra guerra es que nos distraemos fácilmente.

PERMANECER VS. DIVIDIR

Hay muchas cosas que roban nuestra atención y *dividen* nuestro enfoque del llamado a *permanecer* y persistir en

Dios. Podríamos mirar una docena de distracciones diferentes y hacer un plan de batalla contra cada una, pero por ahora, nos centraremos en una: nuestras pantallas.

Una persona media pasa alrededor de tres horas al día mirando su teléfono inteligente (y un buen porcentaje de personas pasa incluso más tiempo).[3] De hecho, nos sentimos tan fácilmente distraídos por nuestras pantallas que vamos a tocar nuestros teléfonos y otros dispositivos más de 2.600 veces al día.[4]

Eso es mucho. Sobre todo si lo comparamos con los cinco o diez minutos diarios que *podríamos* dedicar a la devoción y a estar a solas con el Dios del universo.

Ahora, no estoy para culpar o tirar piedras. Uso mi teléfono como cualquier otra persona. Pero estoy tratando de mostrar un punto.

En lugar de meditar con Aquel que nos creó, nos estamos medicando con golpes de dopamina y ráfagas de alegría simulada. Nos hemos alejado de la soledad y la entrega, y nos hemos

---

3. Abral Al-Heeti, «We'll Spend Nearly a Decade of Our Lives Staring at Our Phones, Study Says», CNET, 12 de noviembre de 2020, https://www.cnet.com/tech/mobile/well-spend-nearly-a-decade-of-our-lives-staring-at-our-phones-study-says/.

4. Julia Naftulin, «Here's How Many Times We Touch Our Phones Every Day», *Business Insider*, 13 de julio de 2016, https://www.businessinsider.com/dscout-research-people-touch-cell-phones-2617-times-a-day-2016-7.

acercado a la tormenta. Decimos que queremos aguas de reposo, pero al mismo tiempo seguimos remando hacia el huracán.

Lo que ocurre con la permanencia es que lleva tiempo. Al igual que es difícil verter agua en una taza temblorosa, es difícil que la paz de Dios fluya en un corazón que está en constante movimiento. Cuando nos aquietamos y nos sentamos ante Él, cuando lo hacemos de verdad creando un espacio para entregarle nuestros temores, ansiedades y cargas, entonces permanecemos. Y allí nos conectamos a la Vid de la vida, y de nuestros corazones brota la paz, la bondad y el dominio propio.

Para algunos de nosotros, reducir la velocidad puede comenzar con un paso tan sencillo como cambiar la forma de respirar.

El proceso de inhalación y exhalación es casi irrelevante. Es una función que necesitamos para sobrevivir, pero es tan común que rara vez pensamos en ella en nuestro día a día. ¿Qué pasaría si tomáramos esta función biológica y la utilizáramos como una chispa para volver a permanecer en la Vid? He aquí cómo.

Empezamos por exhalar las mentiras que nos hacen sentir ansiosos o estresados. Puede sonar así: exhalar «estoy solo». Expulsamos esa mentira de nuestra mente. Pero eso es solo la primera parte. A continuación, tenemos que llenar ese espacio con algo bueno, algo verdadero. Al inhalar, reclamamos una promesa de Dios. Podría sonar así: inhalar «Dios está conmigo».

¿Ves cómo funciona? Veamos algunos ejemplos más.

Exhala: «Estoy abandonado». Inhala: «Dios está en mí».
Exhala: «Mis enemigos están contra mí». Inhala: «Dios está por mí».
Exhala: «Soy débil». Inhala: «Dios es más grande que yo».
Exhala: «Tengo escasez». Inhala: «Dios me basta».
Exhala: «Estoy olvidado». Inhala: «Dios me es fiel».

¿Qué pasaría si te tomaras unos minutos, pusieras el teléfono en la otra habitación y te tranquilizaras para concentrarte en tu respiración? ¿Qué cambiaría en tu vida? ¿Qué tipo de fruto crees que empezarías a notar al aprender a permanecer en la Vid?

Esto es lo último que diré sobre lo que significa invitar a Dios a nuestra preocupación: cuando pasamos tiempo con Jesús, cuando leemos su Palabra y meditamos sobre su verdad y su vida, empezamos a desbloquear algo en nuestras almas.

Hemos sido entrenados para identificar los problemas y proponer soluciones que nos harán pasar, superar o evitar el problema. Pero esa no es la respuesta a nuestra guerra contra la preocupación.

Cuando se trata de nuestra guerra, no necesitamos una solución. Necesitamos un Salvador. Y afortunadamente, tenemos uno. Su nombre es Jesús. No es solo un tipo simpático que flota en las páginas de la historia. Jesús es un campeón indiscutible, vencedor de la muerte, Creador del cosmos, luz inigualable que hace huir a las tinieblas.

Y como veremos en el próximo capítulo, su amor perfecto lo cambia todo.

ORACIÓN

Padre, gracias porque eres más grande de lo que pensamos. Gracias porque, aunque hayas creado el cosmos, nos oyes cuando oramos y, por tanto, nos escuchas cuando te invitamos a entrar en nuestros corazones y en nuestras

INVITA A DIOS EN TU PREOCUPACIÓN

preocupaciones. Ayúdanos a inhalar tus promesas y a exhalar tu esperanza, tu bondad, tu victoria. Somos tus hijos y, a través de ti, saldremos victoriosos de esta guerra.

PREGUNTAS DE DIÁLOGO Y REFLEXIÓN

1. Tómate dos minutos, apaga el teléfono, siéntate en silencio y concéntrate en tu respiración. Inhala profundamente por la nariz y exhala por la boca. Anota cómo te sientes.

_____

_____

_____

_____

_____

2. Gálatas 5 compara el fruto de la carne con el fruto del Espíritu. Léelo y reflexiona. ¿Cuáles de esos frutos son actualmente más evidentes en tu vida?

_____

_____

_____

_____

_____

3. Dios quiere escuchar lo que te preocupa. ¿Qué te impide acudir a Dios con las cosas grandes y pequeñas que te agobian?

_____

_____

_____

_____

_____

4. Las Escrituras describen a menudo a Dios como un lugar de refugio. ¿Qué significa *refugio*, y por qué sería beneficioso para ti tener un refugio fuerte y sólido al que correr?

_____

_____

_____

_____

_____

CINCO

EL PODER DEL
AMOR PERFECTO

No invitamos a Dios a nuestra preocupación solo porque queremos su solución o arreglo. La preocupación nunca ha sido superada y derrotada con un poco de cinta adhesiva espiritual. En cambio, cuando invitamos a Dios a nuestra preocupación, empezamos a darnos cuenta de que más que cualquier solución, Él quiere darnos un Salvador. Quiere invitarnos a una relación íntima y personal con su Hijo. ¿Por qué? Porque Dios sabe lo que realmente necesitamos.

El antídoto para la preocupación no es el control, sino la fe arraigada en el amor. Y esta es la mejor noticia posible que podríamos esperar, porque nuestro Dios es la única fuente de amor perfecto y tú estás en su radar.

Me mudé a Texas después de terminar la universidad para ir al seminario. En ese tiempo salía con Shelley y ella estaba terminando su licenciatura en la Universidad de Baylor. Teníamos una relación a distancia, pero esto era diferente de lo que probablemente te viene a la mente ahora cuando lees estas palabras. Era antes de los teléfonos móviles, las videollamadas o las redes sociales. No hace falta decir que tuvimos que idear formas creativas de demostrar que nos queríamos, lo que a menudo significaba pasar largas horas en el automóvil para ir a verla.

Recuerdo un momento particular en que había pasado un tiempo desde la última vez que estuvimos en el mismo lugar. Echaba de menos a Shelley, así que una noche, después de estudiar en la biblioteca, me subí al automóvil y me puse a conducir. No tenía un plan y no estaba exactamente seguro de cómo iba a desarrollarse todo. Solo sabía que quería verla y que quería que supiera lo mucho que significaba para mí.

Cuando llegué al campus ya era tarde. Puse dos latas de ponche hawaiano (nuestra bebida favorita en aquella época) en el mostrador de la oficina de la directora de la residencia y le pedí que llamara a la habitación de Shelley y le dijera que alguien había dejado algo en el mostrador para ella. Luego me escondí detrás de una pared del vestíbulo para poder observar disimuladamente su reacción. Cuando bajó y vio las bebidas, supo que yo estaba allí e inmediatamente empezó a buscarme. Shelley estaba estudiando para un examen a la mañana siguiente, así que literalmente pasamos quince minutos en las escaleras de su dormitorio, y luego tuve que irme. Pero valió la pena.

Mientras conducía, empecé a pensar en todos los chicos «lindos» de Baylor que probablemente estaban intentando impresionar a mi chica, así que decidí hacer una declaración. Conduje unas cuantas cuadras hasta el supermercado H-E-B y busqué en mi cartera el dinero suficiente para comprar una cartulina, algunos marcadores, envoltura de plástico y unos cuantos clavos.

Con las provisiones en la mano, me dirigí a su dormitorio. Sabía por visitas anteriores dónde estaba su habitación en el edificio y que daba al patio de abajo. Encontré un árbol que me pareció que estaba en línea de visión directa desde su ventana.

Solo tenía que abrir las persianas por la mañana y mirar este árbol. Me aseguré de que mi cartel estuviera orientado hacia su ventana del segundo piso y de que sobreviviera a la llovizna que caía sin cesar.

Una vez que planifiqué todo, me puse a trabajar. Varias horas después, un enorme corazón rojo llenaba el cartel que ahora estaba clavado en el árbol y puesto de manera que llamara la atención de Shelley la mañana siguiente. Contento con mi plan, me subí a mi automóvil y procedí a conducir todo el camino de vuelta a casa.

¿Por qué lo hice? ¿Porque estaba locamente enamorado de esta chica? Sí. Pero hay una razón aún más importante por la que hice ese viaje y clavé ese cartel en el árbol. Verás, yo amaba a Shelley, pero quería que ella supiera que la amaba sin una sombra de duda. Y quería que ella supiera a la mañana siguiente que todo lo que tenía que hacer era sentarse y abrir las persianas para ver el «Te amo» que había dejado para ella.

Si entendemos cómo expresar nuestro amor, ¿cuánto más sabe Dios y escoge expresar su amor por nosotros? Si, con nuestros limitados conocimientos, podemos captar lo importante que es el amor, ¿cuánto más procurará Dios dar a conocer su amor?

EL GRAN AMOR DE DIOS POR TI

¿Te das cuenta de que Dios ha dejado un mensaje de amor impresionantemente poderoso para ti? Él colgó el mayor «te amo» de todos los tiempos en un árbol en el Calvario a través de la muerte de su Hijo. Puedes ver su mensaje desde cualquier lugar en el que te encuentres hoy si te giras y miras hacia la cruz.

En Jeremías 31 encontramos estas palabras: «el Señor se me apareció, y me dijo: "Con amor eterno te he amado; por eso te sigo con fidelidad"» (v. 3).

Dios nos ama. Perfectamente. Sé que suena simplista, ya que se hace eco del himno que probablemente crecimos cantando en la guardería de nuestra iglesia, «Cristo me ama, bien lo sé, pues la Biblia dice así». Pero aunque esto suene sencillo, muchos de nosotros seguimos luchando por abrazar esta verdad fundamental, que da forma a la vida y que conquista las preocupaciones.

Jesús te ama.

Su amor por ti no va y viene en función de tu posición o desempeño. Él no está marcando cuidadosamente y calibrando su amor por ti en función de tu potencial o en lo que puedas lograr algún día para el reino de Dios. Él no está reservando parte de su amor para cuando demuestres tu dedicación y compromiso con su misión.

Nunca te ha amado más por tus buenas acciones, ni te ha amado menos por los actos pecaminosos que has cometido. Él *es* amor. Su amor es inmutable. Es el mismo ayer, hoy y mañana. Es interminable y eterno. Su amor era pleno antes de que existiera una sola mota de polvo que luego usaría para formarnos a ti y a mí. Su amor está en cada minuto, en cada momento de hoy y su amor estará en el futuro. Permanentemente. Su amor llenará el cielo y será la fuente eterna de alegría, placer y alabanza cuando ya no se midan las horas, los días o los años, cuando el tiempo deje de existir y todo lo que tengamos sea Él.

Su amor es invencible e infalible. Nunca ha perdido un centímetro de terreno, nunca ha dado un paso atrás por conmoción o sorpresa. Nunca se ha alejado de ti, nunca te ha abandonado, nunca ha dejado de perseguirte.

Su amor es perfecto.

Y cuando tenemos ese amor perfecto en nuestra visión, encerrado en el centro de los ojos de nuestro corazón como dijo Pablo en Efesios 1:18, vemos ese amor y abrazamos esa verdad. En su amor tenemos la única arma que necesitaremos para extinguir y erradicar la preocupación de nuestras vidas.

¿CUÁL ES TU SISTEMA OPERATIVO?

Tal vez seas del tipo de persona que aprende con ejemplos prácticos, así que permíteme explicarte. En los últimos años nos hemos familiarizado con el término *sistema operativo*. Es el *software* que permite funcionar a nuestros teléfonos, ordenadores, tabletas, etc. Parece que cada pocos meses, las principales compañías tecnológicas sacan al mercado nuevos y mejorados sistemas operativos. Más rápidos. Más inteligentes. Más elegantes. Más fáciles de usar. Todo eso.

Puede que encontremos un sistema operativo común en nuestra tecnología, pero la verdad es que tú y yo también tenemos nuestros propios sistemas operativos. Tenemos un *hardware* (nuestros cuerpos) y un *software* (nuestra mente y espíritu). Cuando se trata de ganar la guerra a la preocupación reconociendo el poder del amor perfecto, tenemos que dar un paso atrás y preguntarnos qué sistema operativo estamos utilizando.

Este es el desglose de donde provienen la mayoría de nuestras preocupaciones:

Temor → Control → Preocupación

Tenemos sentimientos de temor, a menudo derivados de preguntas que empiezan con «¿qué pasaría si…?». Piensa en el capítulo 1: *¿Y si me enfermo? ¿Y si no estoy a la altura? ¿Y si pierdo a un ser querido, mi trabajo o mi casa? ¿Y si se aleja del matrimonio? ¿Y si la gente descubre lo roto que estoy?*

Nuestro temor nos lleva a intentar controlar. A intentar levantarnos y enderezarnos. A tomar las medidas necesarias para evitar resultados negativos. Sin embargo, nuestros hombros nunca fueron concebidos para soportar el peso de tener todo bajo control. Así que, cuando nos damos cuenta de que el control es en realidad una arena movediza que nos hunde aún más, empezamos a preocuparnos.

Ese es el sistema operativo de muchas personas en la tierra. El temor engendra la necesidad de control, que da lugar a la preocupación. Y de la preocupación surge toda una serie de prácticas y compromisos poco saludables.

Si esa es la fórmula de cómo funciona el mundo, ¿qué hay de cómo deberíamos funcionar nosotros como hijos de Dios? Es así:

Amor → Entrega → Confianza

Cuando invitamos a Dios a que entre en nuestra preocupación y habitamos en una relación permanente con Jesús, nuestro sistema operativo cambia. En lugar de que el temor sea el motivador de nuestras vidas, empezamos con el amor.

A eso se refieren las Escrituras cuando dicen en 1 Juan 4:18-19: «En el amor no hay temor, sino que el perfecto amor echa fuera el temor, porque el temor involucra castigo, y el que teme no es hecho perfecto en el amor. Nosotros amamos porque Él nos amó primero».

¿Lo has entendido? Cuando experimentamos e interiorizamos el amor perfecto de Dios, no hay lugar para el temor. No se trata de una sociedad conjunta ni de una mezcla. El amor perfecto echa fuera el temor. Y una vez que el temor desaparece, ya no tenemos la necesidad imperiosa de control. En su lugar, podemos ser libres para rendirnos completamente y someternos al amor perfecto de Dios, porque confiamos en que su amor no es solo su mejor ofrecimiento, ¡es lo mejor para nosotros! Y sin ese hilo de control, no hay nada de qué preocuparse.

Nos encontramos con la libertad de unirnos a la expresión radical del apóstol Pablo en Romanos 8:31 (NTV), cuando exclamó: «Si Dios está a favor de nosotros, ¿quién podrá ponerse en nuestra contra?». En el siguiente versículo, Pablo pasó a dar su razonamiento detrás de una declaración tan audaz: «Si Dios no se guardó ni a su propio Hijo, sino que lo entregó por todos nosotros, ¿no nos dará también todo lo demás?» (v. 32).

¿Ves la conexión? La preocupación no tiene lugar en nuestros corazones porque Dios nos amó tanto que ya envió a su Hijo por nosotros. No se negó a entregar a Jesús, sino que lo envió para mostrarnos cuán perfectamente nos ama.

Si Dios está dispuesto a hacer eso, ¿cómo no va a ayudarnos también a superar todos los temores y fuentes de preocupación en nuestras vidas? Sería como si alguien estuviera dispuesto a darte su casa pero luego se negara a darte un billete de un dólar. Incluso esa analogía se queda corta mil veces.

¿Puede Dios concederte la paz? Él no escatimó a Jesús, así que la respuesta es sí. ¿Por qué no nos daría también la paz? ¿Puede darte consuelo? ¿Seguridad? ¿Libertad? ¿Alegría? ¿Esperanza? Sí, sí, sí y sí. ¿Ves esa realidad lógica? Si Dios ya te dio lo *mejor*, no tiene razón para retener el *resto*.

Quiero señalar una última cosa sobre este texto en Romanos 8:32 (NTV). Termina con la frase *todo lo demás.* Pablo escribió: «...¿no nos dará también todo lo demás?». El término en griego «todo lo demás» es *pas.* Significa «todo, cualquier, cada uno, el todo».[1] En otras palabras, *todas las cosas.* Es una palabra común en todo el Nuevo Testamento, pero Pablo la usó específicamente aquí en Romanos 8:32 como una frase de referencia a un versículo anterior: Romanos 8:28. Puede que no te lo sepas de memoria, pero es probable que lo hayas oído citar antes: «Y sabemos que Dios hace que *todas las cosas* cooperen para el bien de quienes lo aman y son llamados según el propósito que él tiene para ellos» (NTV, énfasis añadido).

¿Ves esa correlación? Dios, junto con Jesús, te ama tanto que está dispuesto a darte todas las cosas. Y en todas las cosas que te da, Él está comprometido en que estas cooperen para tu bien.

Esa palabra *bien* es un poco complicada porque no siempre significa circunstancias externas positivas. Recuerda: sabemos que la gente sigue viviendo circunstancias muy reales y difíciles. Vivimos en un planeta roto, con un

---

1. *Concordancia de Strong,* G3956, s.v. *«pas»,* https://bible.knowing-jesus.com/strongs/G3956.

enemigo real y vicioso. Pero esa palabra *bien* significa que al final vas a ganar. Cuando caiga el telón final, cuando suene la última campana y el tiempo llegue a cero, ¿sabes qué puedes esperar?

Bondades.

Victoria.

Gozo.

Dios se ha comprometido en hacer que *todas las cosas* cooperen para el bien de quienes lo aman. Lo ha demostrado no reteniendo a su único Hijo, sino enviándolo. Y a través de la sangre de Jesús, tú y yo podemos usar un nuevo sistema operativo para reemplazar el temor y crecer en el amor.

No podemos terminar este capítulo sin dedicar un momento a la pregunta más importante que te puedes hacer: ¿crees que Dios te ama?

No solo que le agradas cuando haces cosas buenas para Él. No que te tolere a pesar de que de vez en cuando dejas de ser santo. Sino que Él te ama, y que nada —absoluta e inequívocamente nada— puede separarte de ese amor.

Si crees esto y lo guardas en tu corazón y en tu mente, tienes la mejor y única arma que necesitarás para clavar una daga en el corazón de la preocupación.

ORACIÓN

Padre, siento gran humildad y asombro por el gran poder de tu amor. Tú has hecho lo que yo nunca podría haber hecho, así que te adoro porque mereces cada pizca de mi afecto. Entierra las semillas de tu amor en lo más profundo de mi corazón y saca el fruto resultante, al mismo tiempo que tu Espíritu me lleva a contemplarte y saborearte más.

PREGUNTAS DE DIÁLOGO Y REFLEXIÓN

1. Recuerda la última vez que demostraste tu amor por otra persona. ¿Cómo te hizo sentir y qué te dice eso sobre cómo te ama Dios?

   _____

   _____

   _____

   _____

2. Temor → Control → Preocupación o Amor → Entrega → Confianza. ¿A qué sistema operativo te encuentras

recurriendo más a menudo? ¿Qué circunstancias te impulsan hacia un sistema operativo u otro?

_____

_____

_____

_____

_____

3. ¿Qué cambiaría en tu vida si comprendieras mejor cuánto te ama Dios?

_____

_____

_____

_____

_____

4. Lee 1 Juan 4. ¿Qué verdades ves en este capítulo relacionadas con el amor de Dios? ¿Cómo puedes interiorizar hoy una o dos de esas verdades?

_____

_____

_____

_____

_____

CLAVAR UNA DAGA EN EL CORAZÓN DE LA PREOCUPACIÓN

Quiero hacer una breve pausa y felicitarte por haber llegado hasta este punto. Una de las razones por las que la preocupación tiende a perdurar en muchas de nuestras vidas es por nuestra aceptación casual del *statu quo*. La preocupación se integra con demasiada frecuencia en nuestro entorno como una cosa más que «nos pasa». Como tener hambre; o tener sueño. La preocupación se introduce en nuestra psiquis como algo más que estamos destinados a sentir.

Pero no más. Has llegado hasta aquí y ha llegado el momento de terminar lo que has empezado. Has cumplido la debida diligencia de arrastrar la preocupación de las sombras y a la luz. Hemos analizado de dónde viene la preocupación y por qué tiende a aferrarse a nuestras vidas. Conocemos el antídoto y hemos tomado las armas necesarias para luchar en esta guerra. Este es el momento de clavar una daga en el corazón de la preocupación de una vez por todas. ¿Estás conmigo?

En el capítulo anterior vimos cómo el amor perfecto de Dios echa fuera el temor y nos lleva a renunciar a nuestra idea de control, lo que nos lleva a adorar a Dios en lugar de preocuparnos. Cuanto más descubrimos sobre el amor de Dios, más queremos y estamos dispuestos a rendirnos, y más adoración le damos.

Lo sorprendente de esta realidad es que cuanto más nos deleitamos en Dios, más descubrimos que Él se deleita en nosotros. Aunque Él está plenamente satisfecho en sí mismo, aunque no necesita nada, elige colmarnos de su amor y alegrarse por nosotros.

Eso es lo que dice Sofonías 3:17: «El SEÑOR tu Dios está en medio de ti, Guerrero victorioso; se gozará en ti con alegría, en su amor guardará silencio, se regocijará por ti con cantos de júbilo».

Dios se regocijará por ti. Él calma todas las formas de preocupación y ansiedad con su perfecto amor. Y en caso de que alguna vez te sientas tentado a escuchar el sonido del mundo y ser arrastrado de nuevo al temor, Dios dice que se regocija por ti con cantos. Su voz es todo lo que necesitas. Su deleite es por tu vida. Su amor es por tu victoria.

Así que, con esta verdad en la mano, ¿cómo podemos ganar la guerra a la preocupación? Ganando la batalla de nuestra mente. Derribamos la casa que la preocupación construyó, y nos disponemos a construir un hogar nuevo y lleno de paz sobre la roca, el cimiento más estable: la persona y la obra de Jesús.

Puede que sea un proceso ladrillo a ladrillo, pero confío en que podemos renovar nuestras mentes y desterrar las preocupaciones para siempre.

ES EL MOMENTO DE RENOVAR LA CASA

Empecemos por demoler la casa en Avenida de la Preocupación 1274, de esa mentalidad de preocupación que te ha aferrado al temor desde que tienes uso de razón. ¡Esta casa tiene que ser derribada! Y la bola de demolición que convierte esta casa de mentiras en un montón de escombros es el poder del nombre de Jesús.

Pablo escribió: «Usamos las armas poderosas de Dios, no las del mundo, para derribar las fortalezas del razonamiento humano y para destruir argumentos falsos. Destruimos todo obstáculo de arrogancia que impide que la gente conozca a Dios. Capturamos los pensamientos rebeldes y enseñamos a las personas a obedecer a Cristo» (2 Corintios 10:4-5, NTV).

En mi libro *No le des al enemigo un asiento en tu mesa* explico esto con más detalle, pero en resumen, tienes el poder a través de Cristo de identificar y atar el poder de cada mentira que llega a tu mente. ¡Puedes tomar cautivo cada pensamiento! Cuando te comprometes con esto y lo pones en práctica, comienzas a derribar la casa que la preocupación construyó, ladrillo por ladrillo y pensamiento por pensamiento.

La demolición puede ser divertida, pero no esperes que sea un paseo por el parque. Y no esperes que el enemigo se dé por vencido y te deje desmantelar la casa que ha trabajado para construir en tu corazón y en tu mente sin luchar. Algunos de ustedes saben exactamente de lo que estoy hablando.

Cada vez que te propones hacer un cambio, empezar a derribar ladrillos y demoler fortalezas, el enemigo parece levantarse y atacar con aún más venganza. Incluso el apóstol Pablo sintió esta realidad, como leemos en Romanos 7.

Pero las Escrituras no nos dejan procesar esto solos. De hecho, nos da un gran consuelo y confianza en que no solo tenemos armas poderosas y eternas para vencer la oscuridad, sino que, como dijo el profeta Isaías, «Ninguna arma forjada contra ti prosperará» (Isaías 54:17, RVR1960). Tienes todo lo que necesitas, ofensiva *y* defensivamente, para iniciar este proceso de demoler la casa que la preocupación construyó.

Sin embargo, dejemos clara una cosa: no pretendemos simplemente desbaratar el lugar en el que se encontraba la vieja casa de las preocupaciones. El objetivo es construir una nueva casa, una nueva forma de pensar.

Ya hemos leído Filipenses 4:6 en un capítulo anterior, pero toda esta sección de las Escrituras es un pasaje de culminación que describe el plan de batalla contra la preocupación. Quiero que enfoquemos en el versículo 8 de ese capítulo, porque es aquí donde vemos cómo poner de manera práctica una daga en el corazón de la preocupación.

Esto es lo que dice el versículo 8:

Por lo demás, hermanos, todo lo que es verdadero, todo lo digno, todo lo justo, todo lo puro, todo lo amable, todo lo honorable, si hay alguna virtud o algo que merece elogio, en esto mediten.

Esa es la respuesta. ¿La has entendido? ¿Cómo podemos clavar una daga en el corazón de la preocupación? Lo hacemos pensando en cosas diferentes a las que nos preocupan.

Llegados a este punto, probablemente estés pensando: *Vamos, no puede ser tan fácil.* Y en cierto modo, tienes razón. Todos hemos estado en un lugar en el que tratamos de quedarnos quietos durante unos momentos y nuestros pensamientos empiezan a correr como locos, pasando de un problema a otro. Controlar y luego cambiar lo que se piensa no es fácil. Sin embargo, eso no significa que la solución no pueda ser así de sencilla. En la mayoría de los casos en los que nos preocupamos, todo se reduce a cambiar nuestra forma de pensar.

El filósofo y orador romano Lucio Séneca dijo una vez: «Hay más cosas que pueden asustarnos que aplastarnos;

sufrimos más a menudo en la imaginación que en la realidad».[1]

Verás, la preocupación nace del temor y del intento de control; pero a medida que la preocupación crece, vive y se instala en la mente. Con el tiempo, empieza a construir una casa de forma lenta pero segura, ladrillo a ladrillo. Quizá no salga a decir: «¡Mírame! Soy la suma de todas tus preocupaciones y estoy viviendo aquí». Pero con el tiempo, se va construyendo.

Con tan solo una conversación, una crítica, una circunstancia que está fuera de tu control, lentamente va edificando la estructura. Un poco de ansiedad por aquí, una pizca de temor por allá, y antes de que nos demos cuenta, la preocupación está ocupando mucho espacio en nuestra mente.

¿DE DÓNDE VIENE ESE PENSAMIENTO?

La preocupación prospera en nuestras mentes porque se deleita en el futuro y en cosas que aún no han sucedido.

---

1. Lucio Séneca, *Letters from a Stoic*, trad. Richard Mott Gummere (Enhanced Media, 2017), p. 25 [*Cartas de un estoico* (Seattle, WA: Amazon Digital Services LLC, 2021)].

Supongo que si te tomas diez minutos y escribes todo lo que se te ocurre que te preocupa actualmente, la mayor parte de tu lista serían cosas que aún no han sucedido. De hecho, si volvieras a escribir las cosas que te preocupaban la semana pasada, o el mes pasado, o incluso en el último año, supongo que la mayor parte de las cosas en tu lista no se han hecho realidad

¿Por qué? Es porque la preocupación funciona mejor cuando puede convencerte de que pases tu tiempo luchando en batallas imaginarias, y así te paraliza el trabajo real que tienes entre manos. Por eso debes luchar para recuperar tu mente.

Si nuestro objetivo es ser transformados y asumir plenamente nuestra identidad como nueva creación, un hijo amado o una hija amada del Rey del universo, tendremos que empezar por renovar nuestra mente (Romanos 12:2). Lo hacemos siguiendo la cita de Pablo en 2 Corintios 10:5 (RVR1960): «...llevando cautivo todo pensamiento...».

A medida que llevamos nuestros pensamientos cautivos, lentamente comenzamos a deconstruir la casa que la preocupación construyó. Comenzamos a quitar las piedras y los soportes que anclan la preocupación a nuestras mentes mientras sometemos nuestros temores y rendimos nuestro deseo de control a Cristo.

No obstante, si vamos a clavar una daga en el corazón de la preocupación, no basta con derribar las fortalezas que la preocupación ha construido en nuestra mente. Necesitamos eliminar y reemplazar esos pensamientos con algo más. Ahí es donde entra Filipenses 4. Pablo dijo a los filipenses que para no estar ansiosos por nada, necesitaban una nueva historia. Una nueva narrativa. Nuevos pensamientos. Necesitaban que los «¿qué pasaría si…?» se transformaran en «incluso si…».

Tenían que sustituir las pesadillas por pensamientos nobles; sustituir los riesgos por cosas que fueran correctas; sustituir el pánico por las cosas que fueran puras.

Ese es el secreto. Este es el paso final para clavar la daga en el corazón de la preocupación y quedar libre, victorioso y sin el peso de la preocupación.

¿Y cómo se hace en la práctica? Te acostumbras a hacerte esta pregunta: «¿De dónde viene ese pensamiento?».

Dilo en voz alta ahora mismo. Repítelo. Mi oración es que esta simple pregunta se convierta en una chispa constante que te permita rechazar la narrativa de la preocupación y reclamar la narrativa de tu Salvador.

Cuando te haces la pregunta: *¿De dónde viene ese pensamiento?*, obtendrás una respuesta de uno de dos lugares: ya sea de Dios o de algún otro lugar. Pero ¿cómo sabes si viene de Dios?

Pablo nos dijo en Filipenses 4:8 que las cosas que provienen de Dios son verdaderas, dignas, justas, puras, amables, honorables, virtuosas y que merecen elogio. ¿Ves a dónde quiero llegar con esto? Si eso no es suficiente para identificar un pensamiento, mira el fruto del Espíritu en Gálatas 5:22-23. ¿Se alinea el pensamiento con lo que es amoroso, alegre, pacífico o paciente?

Si la respuesta es sí, quédate con ese pensamiento. Si la respuesta es no, no se alinea, entonces sabes que es el momento de hacer un reemplazo.

Esto puede parecer mucho trabajo. ¿Y sabes qué? Lo es. Pero recuerda, esto no es algo para que lo llevemos solos. Debido al perfecto amor de Dios por nosotros, nos ha dado un ayudante, su Espíritu. A través del poder del Espíritu Santo nos volvemos competentes (2 Corintios 3:4-5) para llevar a cabo todas las buenas obras que Dios preparó de antemano para que anduviéramos en ellas. (Efesios 2:10).

En el Antiguo Testamento, Dios le dio a su pueblo la ley mosaica y les ordenó obedecer cada estatuto y decreto. Lo hizo por dos razones: primero, para mostrar cuán santo y perfecto era Él. Y segundo, para mostrar lo imposible que era para nosotros alcanzar ese estándar de perfección.

En efecto, Dios puso sobre los israelitas una carga imposiblemente pesada y les dijo: «Vean, no pueden llevar esto por sí mismos. Necesitan un Salvador». Por eso Dios envió a su propio Hijo a semejanza del hombre pecador, para que fuera una ofrenda por el pecado (Romanos 8:3).

Al hacerlo, Dios cumplió la justa exigencia que la ley demandaba de nosotros, que ya no estamos obligados a vivir según la carne y las ansiedades que tan comúnmente nos agobian. Ya no vivimos como esclavos de esos temores. Ya no estamos destinados a entrar en la espiral del túnel de control solo para salir del otro lado con una lista kilométrica de preocupaciones.

En cambio, Dios nos dio un Espíritu de adopción: su Espíritu (Romanos 8:15). Por eso Jesús puede decirnos: «Vengan a Mí, todos los que están cansados y cargados, y Yo los haré descansar. Tomen Mi yugo sobre ustedes y aprendan de Mí, que Yo soy manso y humilde de corazón,

Y HALLARÁN DESCANSO PARA SUS ALMAS. Porque Mi yugo es fácil y Mi carga ligera» (Mateo 11:28-30).

No lograrás clavar el puñal del amor perfecto de Dios al corazón de la preocupación a menos que te des cuenta de que, por medio de Cristo, tienes el poder de hacer todas las cosas. Por medio de Cristo, has resucitado, eres una nueva creación, que ya no está bajo el poder de este mundo y sus costumbres. Eres libre y perfectamente amado, y como tal, puedes recuperar tu mente, eliminando la preocupación y aceptando el yugo fácil y la carga ligera de nuestro bondadoso Salvador.

ORACIÓN

Padre, por favor equípame con convicción y empodérame con tu Espíritu para desmantelar la casa de la preocupación en mi mente. Quiero comenzar a reemplazar cada ladrillo de ansiedad con lo que es santo y puro. Deseo honrarte con cada pensamiento, así que pido tu fortaleza para continuar esta búsqueda. Pon tu favor en la obra de mis manos y mi mente y permite que florezcan los pensamientos que producen vida y te dan la gloria.

PREGUNTAS DE DIÁLOGO Y REFLEXIÓN

1. Tómate unos minutos para escribir cualquier pensamiento que te preocupe en este momento. Debajo de cada pensamiento, escribe una verdad sobre Dios que puedas usar para refutar y reemplazar ese pensamiento de preocupación.

    _____

    _____

    _____

    _____

    _____

2. ¿Qué cosas están alimentando constantemente pensamientos de preocupación en tu corazón? ¿Hay algo que necesites cortar para tomar en serio lo de derribar la casa que construyó la preocupación?

    _____

    _____

    _____

_____

_____

3. Lee Filipenses 4:8. Escoge una de las palabras en las que Pablo te animó a pensar y escribe una lista de pensamientos que se relacionen con esa palabra.

_____

_____

_____

_____

_____

4. ¿Qué significa que eres una «nueva creación» en Cristo (2 Corintios 5:17)? ¿Qué es lo que se ha hecho nuevo en tu vida?

_____

_____

_____

_____

_____

SIETE

¿QUIÉN NECESITA ESTAR DESPIERTO TODA LA NOCHE?

La preocupación, en toda su extensión, puede afectar todas las áreas de nuestra vida: nuestras relaciones, nuestro trabajo, nuestra familia, nuestras motivaciones. Incluso puede afectar a nuestro sueño.

Puede que conozcas bien esta escena: de repente, en medio de la noche, te despiertas de golpe. Algo en tu interior te ha sobresaltado y ahora estás plenamente consciente, con tu mente dando vueltas en una situación que te ha causado mucha preocupación y consternación. Has intentado dormir, pero tu mente no ha podido pasar al modo de descanso. Ahora tu corazón y tu mente están acelerados. Miras el reloj de la mesita de noche o tomas tu *smartphone* y son las 2:27 a. m. ¡Otra vez! La pastilla que tomaste para intentar adormecer tu cuerpo no detuvo el tren de la preocupación que ruge por las vías de tu mente.

Si esto te suena conocido, ya sabes lo que sucede después. Nada. Si tienes suerte, volverás a dormir en una hora más o menos. O las vueltas en la cama pueden durar hasta la mañana. ¿Y qué habrás conseguido pensando, ensayando y elaborando estrategias durante toda la noche? No mucho.

Cuando suene el despertador, te encontrarás más o menos en la misma situación en la que estabas cuando te fuiste a dormir la noche anterior. Solo que ahora estás un poco más cansado y piensas con menos claridad.

Una noche de sueño profundo puede parecer poca cosa, pero es un buen indicador de que nos dirigimos a la línea de meta para ganar la guerra a la preocupación. Cuando piensas en una vida caracterizada por la paz, tu mente probablemente te recuerda una persona descansada. Y pocas cosas son más tranquilas que una buena noche de sueño ininterrumpido.

Dios lo sabe, y por eso su Palabra dice en Salmos 23:2: «En lugares de verdes pastos me hace descansar». Él da descanso al cansado. En Salmos 4:8 dice: «En paz me acostaré y así también dormiré, porque solo Tú, SEÑOR, me haces vivir seguro». Una de las grandes recompensas de ganar la guerra a la preocupación es que ya no tienes que estar sujeto a noches de insomnio. Ese no es el camino de Dios. Él mismo está despierto durante toda la noche para que tú no tengas que estarlo, y te mantiene seguro y en paz.

FIJA TU MIRADA EN EL CIELO

Nuestro Dios es un Dios de paz y nos guía hacia el descanso si se lo permitimos. Entonces, ¿cómo cambiamos las noches inestables por un descanso lleno de fe? En primer lugar, fijamos nuestra mirada en nuestro Padre celestial. El salmista lo dijo de esta manera: «Al SEÑOR he puesto continuamente delante de mí; porque está a mi diestra, permaneceré firme. Por tanto, mi corazón se alegra y mi alma se regocija; también mi carne morará segura» (Salmos 16:8-9).

El escritor de este salmo es David, el que escribió el Salmo 23 y habló de no tener temor en medio del valle de sombra de muerte. David conoció todo tipo de problemas, desesperación y dificultades, y sabía lo que era fracasar y huir, luchar contra poderosos ejércitos y ser traicionado por los más cercanos.

David sabía que el punto de partida para una noche tranquila era poner su mirada «siempre» en el Señor (Salmos 16:8, NTV). Algunas traducciones de este versículo utilizan la palabra *continuamente*. «Al Señor he puesto continuamente delante de mí». En otras palabras, esto no es algo para hacer de vez en cuando. Es la actividad constante de volver a centrar mis pensamientos y cambiar mi enfoque para tener a Dios a la vista. Y cuando lo hago, ocurren tres cosas.

En primer lugar, mi corazón se alegra. Tengo un cambio en mis emociones. El temor es reemplazado por un sentido de confianza basado en la certeza de que el Todopoderoso está conmigo.

En segundo lugar, me regocijo. La adoración desplaza la preocupación cuando la alabanza llena mi boca.

En tercer lugar, mi cuerpo descansa con seguridad. Me acuesto en la cama de la esperanza firme y descanso creyendo que Dios tiene el control.

En este momento puedes estar pensando: *Eso suena muy idealista… y poco realista.* Tal vez hayas intentado citar un versículo bíblico favorito u orar en medio de la noche, pero sin éxito.

Por favor, no tires la toalla todavía. Dios está luchando por ti y te ayudará a ganar cualquier batalla de preocupación que estés enfrentando.

¿Cuál es la clave? El paso más importante para encontrar el descanso es centrarse en el Dios que tienes continuamente delante. El Todopoderoso, el Hacedor del cielo y de la tierra. Haz todo lo posible para que Él esté siempre primero en tus pensamientos. No estamos hablando de un «Dios» genérico. Tienes que ser más específico que eso. Recuerda estos atributos clave de Dios cuando te enfoques en Él.

DIOS ESTÁ DESPIERTO, ALERTA Y ES CAPAZ

Ya hemos hablado de que Él es un Dios de amor y que está enamorado de ti. Y nos hemos centrado en que Él es el mejor para tener el control. Pero ¿qué más quiere que notes? ¡Que Él está despierto, alerta y es capaz!

El Dios que está siempre delante de ti siempre está despierto. Nunca ha estado cansado ni fatigado. El Todopoderoso no ha cerrado ni una sola vez sus ojos en el sueño. «Ni se dormirá el que te guarda. He aquí, no se adormecerá ni dormirá el que guarda a Israel» (Salmos 121:3-4, RVR1960).

Dios no solo está despierto, sino que también está alerta. Es posible estar totalmente despierto y no prestar atención. Dios está despierto y atento a todas tus necesidades. De hecho, Él sabe lo que necesitas mucho antes que tú. David oró en el Salmos 139:4: «Aun antes de que haya palabra en mi boca, oh SEÑOR, Tú ya la sabes toda». Eso significa que antes de que tenga una necesidad que me lleve a hacer una oración, Dios ya lo sabe. Él ve todo el camino que tengo por delante antes de que yo dé el siguiente paso.

Por eso celebramos la siguiente faceta de su carácter: es capaz. ¿De qué serviría que Dios estuviera despierto y alerta si no fuera capaz de hacer algo con respecto a las cosas que nos preocupan? Dios no solo es capaz, sino que también está obrando a tu favor, lo veas o no.

Es importante aclarar que el hecho de que Dios esté despierto, alerta y capaz puede no significar automáticamente que tu circunstancia gire hacia el resultado que deseas. Sin embargo, centrarse en estas verdades ayudará a tu tranquilidad. Saber que Dios va a estar despierto toda la noche te permitirá cerrar los ojos y dormirte. Podrás soltar lo que no puedes controlar y despertarte creyendo que Dios ha cumplido sus propósitos mientras dormías.

Cuando te acuestes por la noche, te animo a que le digas a Dios: *Gracias por estar despierto toda la noche. Gracias porque tú vigilas todo lo que me concierne. Creo que tú eres capaz de hacer exactamente lo que quieres hacer. Necesito descansar, así que confiaré en ti.*

Adoptar este enfoque es estar arraigado en la comprensión de que Dios tiene el control, está despierto, alerta y es capaz las veinticuatro horas del día.

Creerlo de verdad es decir con el salmista: «Si el Señor no edifica la casa, en vano trabajan los que la edifican; si el Señor no guarda la ciudad, en vano vela la guardia. Es en vano que se levanten de madrugada, que se acuesten tarde, que coman el pan de afanosa labor, pues Él da a Su amado aun mientras duerme» (Salmos 127:1-2). Para terminar, quiero dejarte una última arma en la guerra contra la preocupación: un corazón agradecido.

EL PODER DE UN CORAZÓN AGRADECIDO

Es un hecho científico que la gratitud afecta positivamente a la salud mental y reduce la ansiedad que conduce a la preocupación. Una publicación reciente descubrió que «cuando expresamos gratitud y recibimos lo mismo, nuestro cerebro libera dopamina y serotonina, los dos neurotransmisores cruciales responsables de nuestras emociones, y nos hacen sentir "bien". Mejoran nuestro estado de ánimo inmediatamente, haciéndonos sentir felices por dentro».

Esto sugiere que «al practicar conscientemente la gratitud cada día, podemos ayudar a que estas vías neuronales se fortalezcan y, en última instancia, creen una naturaleza agradecida y positiva permanente dentro de nosotros».[1]

Así es como creía Cicerón: «La gratitud no es solo la mayor de las virtudes, sino la madre de todas las demás».[2]

Pero el poder transformador de un corazón agradecido es también una realidad espiritual subrayada a lo largo de las Escrituras. Cuando revisamos Filipenses 4:6-7,

---

1. Madhuleena Roy Chowdhury, «The Neuroscience of Gratitude and How It Affects Anxiety and Grief» [La neurociencia de la gratitud y cómo afecta a la ansiedad y el dolor], PositivePsychology.com, 5 de febrero de 2022, https://positivepsychology.com/neuroscience-of-gratitude.

2. M. Tullius Cicero, *For Plancius*, ed. C.D. Yongue, 33.80, http://www.perseus.tufts.edu/hopper/text?doc=Perseus%3Atext%3A1999.02.0020%3Atext %3DPlanc.%3Achapter%3D33.

encontramos la gratitud en el centro de la lucha contra la preocupación: «Por nada estén afanosos; antes bien, en todo, mediante oración y súplica con acción de gracias, sean dadas a conocer sus peticiones delante de Dios. Y la paz de Dios, que sobrepasa todo entendimiento, guardará sus corazones y sus mentes en Cristo Jesús».

¿Lo has notado? *Con acción de gracias.* Todos suponemos que la oración y la petición son esenciales en la batalla por la paz mental. Sin embargo, también hay que tener un corazón agradecido. La frase *acción de gracias* en este versículo significa estar agradecido por la gracia de Dios.[3]

La preocupación nos hace tener amnesia espiritual, haciéndonos olvidar que Dios es el que nos ha sacado adelante en cada prueba y dificultad. La gratitud nos recuerda su fidelidad, y su fidelidad aumenta nuestra confianza sin importar la situación.

Durante uno de los períodos más oscuros de mi vida, cuando la preocupación se había convertido en una temporada de depresión paralizante, temía la llamada nocturna de las 2:00 a. m. desde lo más recóndito de una mente

3. «2170. Eucharistos», Diccionario griego Strong: 2170. εὐχάριστος (Eucharistos)—agradecido, consultado el 23 de mayo de 2022, https://biblehub.com/greek/2170.htm.

intranquila. Me despertaba sintiendo que una montaña se había derrumbado sobre mi pecho, sofocando la vida y la esperanza. Meses después de la lucha, durante una noche desesperada, recordé un versículo de Job que dice que Dios «inspira cánticos en la noche» (35:10).

Esa noche le pedí a Dios que hiciera nacer una canción de adoración espontánea en mi corazón, y lo hizo. Aunque mi corazón era débil y mi alma estaba destrozada, canté en mi mente: *Tranquila (alma mía), hay un Sanador. Su amor es más profundo que el mar. Su misericordia es interminable. Sus brazos son un refugio para los débiles.*

No me sané instantáneamente de la noche a la mañana, pero me armé de un canto de alabanza la noche siguiente, cuando llegó la tentación de quedarme despierto por la preocupación.

Con el tiempo, esa simple confesión de confianza en Dios (junto con la ayuda de un médico y el aliento de mi comunidad) atravesó la oscuridad y me llevó de nuevo a la luz.

El agradecimiento es un torpedo que hunde la preocupación. La gratitud abre la puerta a la alabanza, y la alabanza disipa el temor. La preocupación y la alabanza no pueden estar en nuestra boca al mismo tiempo. Una siempre desplaza a la otra.

Cuando pongas al Todopoderoso constantemente delante ti, dale las gracias. Hazlo a diario. De hecho, cuando empieces tu día, piensa en dos o tres cosas por las que estás agradecido y alábalo. Con el tiempo, notarás un cambio en tu mentalidad y en tu corazón. Notarás que tu agradecimiento te lleva a la alabanza y que tu alabanza cambia el entorno de tu vida.

ORACIÓN

Padre, solo quiero agradecerte. Gracias por salvarme. Gracias por verme cuando estaba lejos. Gracias por el poder de tu cruz para superar toda oscuridad y desesperación. Gracias por ser capaz cuando yo no lo soy, por estar despierto y atento a mí. Eres infinito e íntimo, y me postro en adoración hacia ti.

PREGUNTAS DE DIÁLOGO Y REFLEXIÓN

1. ¿Por qué estás agradecido? Tómate un tiempo para enumerar todas las cosas que se te ocurran.

_____

_____

_____

_____

_____

2. El descanso es una reacción a algo que nos hace sentir seguros. ¿Cómo ayudan el poder y la autoridad de Dios a que descanses bien?

_____

_____

_____

_____

_____

3. Contrarrestamos la amnesia espiritual recordando lo que Dios ha hecho por nosotros en el pasado. ¿Qué ha hecho Él por ti que te permita mantenerte firme?

_____

_____

_____

_____

_____

4. ¿Cuál es la banda sonora actual de tu mente? ¿Estás escuchando canciones de adoración o canciones de preocupación? ¿Cómo suenan?

_____

_____

_____

_____

_____

CONCLUSIÓN

GUARDADOS EN PERFECTA PAZ

Hemos llegado al final de nuestra exploración de cómo ganar la guerra a la preocupación. Con el terreno que hemos cubierto en los capítulos anteriores, creo que tienes todo lo que necesitas para empezar a cultivar un corazón tranquilo y una mente confiada.

Como en la mayoría de las guerras, es posible que las cosas no cambien drásticamente para ti de la noche a la mañana. A lo largo de la historia, los grandes conflictos se han caracterizado tradicionalmente por una serie de batallas o escaramuzas que se desarrollan durante un largo periodo de tiempo y que culminan en lo que conocemos como guerra.

Lo mismo ocurre contigo. Ahora tienes las herramientas adecuadas para entrar en la lucha y mantenerte firme. Habrá días en que las cosas te salgan bien. Cuando confíes en tu identidad como hijo o hija amada de Dios y cuando practiques la gratitud, llevando cautivas las mentiras de la preocupación y sustituyendo esos pensamientos por otros puros y bondadosos. Y habrá días en los que te sentirás abrumado o que no has avanzado en tu misión.

Dada la duración de esta lucha y la probabilidad de que se produzcan altibajos, quiero animarte a que te enfoques tanto en el *micro* panorama como en el *macro*. Esto es lo que quiero decir.

Cuando te enfocas en lo micro, contextualizas tu batalla en el día de *hoy*. Ahora mismo. Este momento, este minuto, incluso en esta hora. Sabemos por Santiago 4 que no tenemos garantizado el mañana, y hemos hablado en los capítulos anteriores de cómo la fijación en el futuro es una de las armas que esgrime la preocupación. Así que hagamos esto práctico. Enfócate en la imagen micro. ¿Cómo puedes ganar la próxima batalla que tienes por delante?

Cuando te enfocas en la imagen micro, no tienes tiempo de mirar hacia atrás ni de agobiarte por tus combates anteriores. No tienes tiempo de dormirte en los laureles ni de lamentarte por tus derrotas. Solo tienes ojos para este momento. *¿Cómo puedo tomar cautivo* este *pensamiento? ¿Cómo puedo sustituir* esta *preocupación?* No mires hacia adelante. No mires de lado a lado. Mira hacia arriba. Fija tu mirada en Jesús. Gana esta lucha. Toma este paso. Reclama este terreno. Enfócate en la imagen pequeña.

Sin embargo, recuerda que el objetivo es centrarse tanto en la imagen micro como en la macro. Esta es la imagen macro.

La guerra ya ha terminado. Jesús ya ha conquistado el pecado, la muerte, el infierno y la tumba. ¿Recuerdas cómo describimos el sistema operativo del mundo? Comienza con el temor, pero el panorama general es que Jesús ya ha derrotado al temor de una vez por todas. Puede ser que todavía merodee y actúe como un león grande y duro, pero está vacío. Sus colmillos no son letales y su aguijón ha desaparecido.

Hemos dedicado mucho tiempo a profundizar en Romanos 8, pero vuelve a leer conmigo el versículo 15, que dice: «Pues ustedes no han recibido un espíritu de esclavitud para volver otra vez al temor, sino que han recibido un espíritu de adopción como hijos, por el cual clamamos: "¡Abba, Padre!"».

Para aquellos que han puesto su fe en Jesús, ya no necesitamos caer en el temor. Ya no estamos atados a los caminos de este mundo o al obrar del enemigo. Hemos sido liberados. Y más que eso, hemos sido puestos en una nueva familia, una en la que podemos, con intimidad, invocar a nuestro Padre y Él responderá. La imagen macro es que formamos parte de una historia ganadora. No importa lo que nos depare el día de hoy, podemos estar seguros de que en ese día final, ganaremos la guerra contra la preocupación de una vez por todas.

La imagen macro de seguridad alimenta nuestra imagen micro de lanzar nuestro asalto a la preocupación. La verdad de que la guerra ha terminado debería impulsarnos a luchar con todo lo que tenemos hoy, porque la libertad, la esperanza, la alegría, la paz y el refugio no solo están disponibles, sino que también son nuestra herencia.

UN PASO HACIA LA LIBERTAD

Estoy orando para que muchos de ustedes hayan dado un paso hacia la libertad en los capítulos anteriores. Para algunos de ustedes, un patrón de pensamiento particular fue reescrito o una determinada circunstancia fue reformulada bajo una nueva luz. Y para todos nosotros, es mi oración que nos demos cuenta de que la preocupación ya no tiene la última palabra en la historia que Dios está escribiendo para nosotros.

Comenzamos este viaje comparando la preocupación con los percebes que tan a menudo se aferran al fondo de un barco. Hemos visto cómo, cuando la preocupación invade nuestros pensamientos, puede sentirse como un peso adicional que arrastra un barco y reduce su velocidad. Pero a lo largo de estos últimos siete capítulos, hemos visto formas específicas y prácticas de despojar a la preocupación de su poder y de fijar nuestros ojos en Aquel que realmente puede mantenernos en perfecta paz.

Sé que para mí, este mensaje ha cambiado realmente la forma en que vivo y la forma en que encaro mis días. Dios ha estado obrando en mi corazón para ganar la guerra contra la preocupación desde hace años, y todavía es una batalla. Pero confío en que, así como lo he visto moverse en mi vida, Él puede y está dispuesto a moverse en la tuya también.

Jesús te ha dado todo lo que necesitas para la vida y la piedad (2 Pedro 1:3). Él ya ha ganado la guerra a la preocupación, derrotando a la muerte, al infierno y a la tumba de una vez por todas. A partir de ahora, cuando te aventures en tu día a día, ten en cuenta estas cosas:

La preocupación es una mentira del enemigo. No podemos evitar que hable, pero podemos elegir a quién escuchamos: al enemigo o a nuestro Padre celestial.

La preocupación tratará de hacer que te centres en lo que puedes controlar, en tomar el asunto en tus propias manos. Mantente firme en la verdad de que Jesús quiere y es capaz de cargar con lo que te preocupa.

El hecho de que no estés destinado a tener el control no significa que no debas planificar ni preocuparte nunca. Debemos ser administradores sabios de lo que Dios nos ha dado para administrar, sabiendo que ganamos cuando le devolvemos sus cosas.

El temor puede llevarnos a querer controlar, lo que alimenta la preocupación. Pero el amor perfecto de Dios echa fuera el temor. Cuando abrazamos su amor, avanzamos hacia la rendición y una vida caracterizada por la confianza.

En última instancia, si queremos contrarrestar la preocupación, tenemos que fijar nuestros ojos en Jesús. Comienza con algo pequeño, lucha contra las distracciones y comienza por reemplazar los pensamientos de ansiedad con pensamientos que se alineen con el carácter y la naturaleza de Dios.

Ya terminando, recuerda que la paz de Dios —la que, según Pablo, sobrepasa todo entendimiento— guardará tu corazón y tu mente (Filipenses 4:7). Dios es capaz de evitar que tropieces y de presentarte a sí mismo sin mancha ni arruga (Efesios 5:27). Eres un hijo amado o una hija amada del Rey del universo. Él está a tu favor. Él está contigo. Y en Él, puedes ganar tu guerra contra la preocupación y cultivar un corazón tranquilo y una mente confiada.

ACERCA DEL AUTOR

Louie es autor de más de una docena de libros *best seller*, entre ellos *No le des al enemigo un asiento en tu mesa, A la mesa con Jesús, Goliat debe caer, La maravilla de la creación* y *¡Cuán grande es nuestro Dios!* Como comunicador, Louie es ampliamente conocido por mensajes como «Indescriptible» y «Cuán grande es nuestro Dios».

¿HAS LEÍDO ALGO BRILLANTE Y QUIERES CONTÁRSELO AL MUNDO?

Ayuda a otros lectores a encontrar este libro:

- Publica una reseña en nuestra página de Facebook @**GrupoNelson**

- Publica una foto en tu cuenta de redes sociales y comparte por qué te agradó.

- Manda un mensaje a un amigo a quien también le gustaría, o mejor, regálale una copia.

¡Déjanos una reseña si te gustó el libro! ¡Es una buena manera de ayudar a los autores y de mostrar tu aprecio!

Visítanos en **GrupoNelson.com** y síguenos en nuestras redes sociales.